苏州

微旅行

漫游这座城

高鹤鸣 著

DUMONT
杜蒙·阅途

一日看尽苏州经典风物
时光无法忘记昨日的烟云

巷弄间的休闲之旅
走进小巷，迷失在往昔的风情中

寻找白居易和苏州的前世今生
走进苏州园林的世界

因一首诗而火的名胜古迹
夕阳下是否也有枫桥夜泊的诗意

感受苏州的古老与时尚
昔日繁华今仍在

特色博物馆之旅
从一座座博物馆中更能品出苏州的韵味

慢下来，发现苏州的美
这样的苏州也很有味道

在苏州街头寻幽探古
在僻静的园林与静默的街道里回味苏州

北京出版集团公司
北京出版社

图书在版编目（CIP）数据

苏州微旅行　漫游这座城 / 高鹤鸣著．— 北京：
北京出版社，2018.6
ISBN 978-7-200-14172-6

Ⅰ．①苏…　Ⅱ．①高…　Ⅲ．①旅游指南—苏州　Ⅳ．
①K928.953.3

中国版本图书馆 CIP 数据核字（2018）第 133900 号

苏州微旅行　漫游这座城
SUZHOU WEILÜXING
MANYOU ZHE ZUO CHENG

高鹤鸣　著

*

北京出版集团公司
北京出版社　出版

（北京北三环中路 6 号）
邮政编码：100120

网　址：www.bph.com.cn
北京出版集团公司总发行
新华书店经销
北京瑞禾彩色印刷有限公司印刷

*

787 毫米 ×1092 毫米　16 开本　14 印张　200 千字
2018 年 6 月第 1 版　2018 年 6 月第 1 次印刷

ISBN 978-7-200-14172-6

定价：59.00 元

如有印装质量问题，由本社负责调换
质量监督电话：010-58572393

前言

漫 游 这 座 城

每个城市都有自己的独特个性，这是在长期的历史演化中逐渐形成的，比如说北京彰显的是帝都的大气，成都则是由内而外散发出休闲的味道……那么苏州呢，这个千年历史文化名城又该用什么词去描述、去形容？

我想，应该是温婉含蓄、精致唯美，这种气质于苏州而言是深入骨髓的，无论你已经去过，还是未曾踏足！唐诗里有它，宋词里有它，元曲里还有它……无一不是含情脉脉、深情款款！它的美藏在一座又一座园林中，它的美藏在一座又一座古桥上，它的美藏在一支又一支小曲中……尽管它静默无言，但它的美却能穿透尘封千年的历史，惊艳一个又一个前来寻梦的人。

苏州之美，美在哪儿？美在园林尽风雅。有屋檐小轩窗，必然有芭蕉展翠，如此一来便可以聆听雨打芭蕉；有清风徐来，必然有数竿翠竹，如此一来便可以欣赏竹子们婆娑起舞；有山中小亭，必然有莲池数亩，如此一来便可以饱览映日荷花别样红……有山必有水，有花必有草，有动必有静，有大必有小，有明必有暗，有疏必有密……处处有对比，又处处都是一体，这便是苏州园林布局的高明之处。我一直在想，苏州园林的雅致究竟是如何营造出来的，为何风格如此统一？找了半天，终于在文人世界中找到了答案。

我国的文人很有意思，尤其是在官场上失意的文人，正是他们扛起了我国隐逸文化的半壁江山。虽说大隐隐于朝，中隐隐于市，小隐隐于野，但真正能够在庙堂之上独善其身的人少之又少，真正能够在深山老林中安贫乐道的人也是少之又少……隐于朝堂，难矣；隐于山林，难矣！那这些既想标榜自我清高、不与世俗同流合污，又想寄情山水的文人们该如何安放那份胸臆？最后，他们的目光不约而同投向了水乡苏州，从此一座座雅致的古典园林就如雨后春笋般出现在苏州！

苏州之美，美在哪儿？美在人家尽枕河。还未亲临苏州，就已在杜荀鹤的诗篇中看到了苏州完整的形象：“君到姑苏见，人家尽枕河。古宫闲地少，水港小桥多。夜市卖菱藕，春船载绮罗……”来到苏州，当真如诗如画，如歌如梦！有河道悠然，必然有扁舟荡漾，如此一来便可以聆听欸乃一声我去也；有小桥流水，必然有人家炊烟，如此一来便可以欣赏青烟袅娜起舞；有人家居住，必然有街市来往，如此一来便可以感受市井日常风物；有水必有桥，有人必有船，有水汽氤氲必有炊烟袅袅，有高必有低，有远必有近……处处有对应，又处处都是风景，这便是江南水乡的美妙之处。

江南忆，最忆是苏州，沉醉在苏州这个梦里，我久久不愿醒来……苏州确实是个梦，值得你慢慢闲逛，慢慢品味，希望本书能圆你一个江南美梦！

目录

必游线路推荐

必游线路 一天

拙政园（P20）→苏州博物馆（P30）→狮子林（P54）→平江路（P64）

必游线路 二天

第一天： 拙政园（P20）→太平天国忠王府（P26）→苏州博物馆（P30）→狮子林（P54）→平江路（P64）
第二天： 山塘昆曲馆（P84）→七里山塘（P88）→留园（P74）→寒山寺（P98）→江枫桥（P96）

必游线路 三天

第一天： 拙政园（P20）→太平天国忠王府（P26）→苏州博物馆（P30）→苏州园林博物馆（P34）→狮子林（P54）
第二天： 艺圃（P174）→沧浪亭（P206）→中国苏绣艺术博物馆（P184）→网师园（P212）→玄妙观（P116）→平江路（P64）
第三天： 北塔报恩寺（P46）→山塘昆曲馆（P84）→七里山塘（P88）→留园（P74）→寒山寺（P98）→江枫桥（P96）

必游线路 四天

第一天： 网师园（P212）→沧浪亭（P206）→江枫桥（P96）→寒山寺（P98）
第二天： 拙政园（P20）→太平天国忠王府（P26）→苏州博物馆（P30）→苏州园林博物馆（P34）→狮子林（P54）→立雪堂（P58）
第三天： 艺圃（P174）→中国苏绣艺术博物馆（P184）→玄妙观（P116）→平江路（P64）→城隍庙（P186）
第四天： 北塔报恩寺（P46）→山塘昆曲馆（P84）→七里山塘（P88）→留园（P74）

必游线路 五天

第一天： 拙政园（P20）→太平天国忠王府（P26）→苏州博物馆（P30）→苏州园林博物馆（P34）→狮子林（P54）→立雪堂（P58）
第二天： 网师园（P212）→沧浪亭（P206）→江枫桥（P96）→寒山寺（P98）→寒山别院（P102）
第三天： 艺圃（P174）→中国苏绣艺术博物馆（P184）→环秀山庄（P180）→城隍庙（P186）
第四天： 耦园（P146）→北塔报恩寺（P46）→山塘昆曲馆（P84）→七里山塘（P88）→留园（P74）
第五天： 观前街（P112）→玄妙观（P116）→陆稿荐（P118）→平江路（P64）→中国昆曲博物馆（P158）

认识苏州

天气>

苏州是典型的温带气候，四季分明，雨量充沛，温和怡人。年平均气温为15.7℃，每年的7月最热，平均气温为28.2℃；每年的1月最冷，平均气温为3℃。雨水充沛，年平均降水量为1 094毫米，春季多梅雨，这是江南地区的重要气候特点，6～9月为暴雨的多发时期。季风更替十分明显，夏季多刮东南风，冬季刮东北风和西北风。空气湿润，夏季少酷热，冬季比较寒冷。苏州靠近沿海，间有雷暴、冰雹、龙卷风、强风等灾害性天气出现。苏州四季皆适合旅行，尤以春秋两季为佳。

民俗风情>

苏州是著名的历史文化古城，自春秋时期伍子胥奉命建城以来，迄今已有2 500多年历史。在这漫长的岁月中，苏州人民创造了灿烂的物质文明和精神文明，形成了独具特色的吴中文化及别有情趣的民间风俗。像玄妙观迎财神、西山太湖梅花节、虎丘花会、拙政园杜鹃花会、南浩街神仙庙会、拙政园荷花节、虎丘庙会、寒山寺除夕听钟声、轧神仙等都是独具地方特色的民俗节庆，其中以寒山寺除夕听钟声最为有名，毕竟那首《枫桥夜泊》实在是太深入人心了。每年除夕守岁时，都会从枫桥寒山寺中传来洪亮的钟声。当"镗！镗！镗……"的钟声透过沉沉的夜色，传到千家万户的时候，就标志着新春来临了。

美食偏好>

苏帮菜历史悠久，据说苏州城的诞生还和"太湖炙鱼"即苏式熏鱼有关。苏帮菜到今天已发展成为特色鲜明的地方菜系。苏帮菜属淮扬菜系，但和上海本帮菜又有着很大的相似度，都是偏甜为主，据说正宗的传统苏帮菜会甜得让上海人都无法接受。苏州的特色菜有很多，在松鹤楼或者得月楼一翻菜谱就基本知道都有哪些代表菜：响油鳝糊、松鼠桂鱼、清炒河虾仁、蟹粉豆腐、碧螺虾仁……苏州菜的"南甜"风味也让许多人为之倾倒，其四季有别的烹制方式更是将食材的美味发挥到极致。

地理、历史>

●地理

苏州位于江苏省南部，东临上海，南接浙江，西抱太湖，北依长江。全市地势低平，55%的面积为平原，占据长江三角洲平原和太湖平原部分地区。地貌特征以平缓平原为主，自西向东缓慢倾斜，平原的海拔高度为3～4米，阳澄湖和吴江一带海拔仅2米左右。

苏州古城境内河港交错，湖荡密布，最著名的湖泊有位于西隅的太湖和漕湖；东有淀山湖、澄湖；北有昆承湖；中有阳澄湖、金鸡湖、独墅湖；长江及京杭运河贯穿市区之北。由于苏州城内河道纵横，又被称为水都、水城、水乡，13世纪的《马可·波罗游记》将苏州赞誉为东方威尼斯。

●历史

苏州是我国著名的历史文化名城。早在公元前 514 年，吴国的伍子胥就在此修建阖闾城。三国的孙权在定都南京之前，一直把苏州作为东吴的政权中心。隋文帝于 589 年统一中国，改吴州为苏州，并沿用至今。隋炀帝开通大运河后，苏州地位更加重要，成为运河沿岸的四大都会之一。中唐以后，苏州地区已经很繁华了，并从江南经济文化中心上升为全国经济文化中心。北宋的范仲淹在苏州兴办府学，逐渐演变成文庙，为这座以丝织品闻名的都会城市奠定了文化基石。此后，苏州一直文风鼎盛，文人辈出。明清两代，苏州的发展更是顺风顺水，现存的江南园林便可说明这一点。到了清代，苏州已成为全国四大商业城市之一。

行在苏州

到达>

●航空

苏州目前没有机场，如需以航空方式赴苏州，必须先至上海或无锡，再乘火车或汽车至苏州。

●铁路

苏州火车站位于苏州城区北端护城河的北岸，人民路与北环路以西。苏州火车站也是一个交通枢纽，地铁 2 号线途经苏州站，站前有诸多公交车的经停站与始发站。目前的苏州火车站已开通至全国大部分主要城市的路线。苏州北站是京沪高速铁路车站，位于相城区富临路，距离苏州市区大约 15 千米，在此乘车要计划好自己的时间。

●公路

苏州是江苏省通往上海、浙江的“东南门户”。苏州汽车南站、北站、西站每天日间都有开往上海的车，其中北站最多，平均 20 分钟一班，票价 26 ~ 30 元，车程 1 小时 20 分左右。上海市内的下客站有恒丰路、沪太路、徐家汇虹桥路、浦东白莲泾等。

市区>

●地铁

苏州目前已开通 3 条地铁线路：1 号线、2 号线、4 号线，共设车站 97 座，其中换乘站 5 个，运营里程达 121 千米，里程总长度位列全国第 10。

●公交车

在苏州以乘坐公交车为主要的出行方式，但苏州公交并不十分通畅，因为老城区的街道比较狭窄，并有着大量的摩托车、私家车。按照人们的习惯， 苏州市区可分为老城区、工业园区和新区三大部分，在新区和比较偏远的吴中区乘坐公交车往往需要等上更长的时间。乘坐普通公交车所需费用为 1 ~ 2 元，较远的行程需 4 ~ 6 元。苏州绝大部分公交车运营时间至 19:30，这给旅行带来了一定的麻烦。

苏州的普通公交车单一票价 1 元，空调车单一票价 2 元，多为无人售票车，需主动投币。有些市郊线路是分段计价，上车门处有块提示牌，标明此站上车的票价。所以，在苏州坐公交车要多准备些零钱。

●出租车

出租车的运营时间也有限制。一般在 23:00 后就很难打车，大部分夜间运营的出租车集中在火车站和各汽车站附近。出租车起步价为 10 元。

住在苏州

苏州市区住宿是很理想的，不管是老城区、园区、新区交通都很方便，各种青年旅舍、特色客栈、快捷酒店比较多，当然星级酒店也是这个旅游城市的标配。

浮生四季国际青年旅舍

苏州市姑苏区观前街人民路大石头巷 27 号

0512-65218885　18914068885

床位 50 元起

汲坞茶驿国际青年旅舍

苏州市昆山市锦溪镇上塘街 11 号

0512-36692278

床位 55 元起

桃花坞国际青年旅舍

苏州市姑苏区桃花坞大街 158 号

0512-67720007/67720001

床位 60 元起

彩云堂青年旅舍

苏州市吴江区同里镇竹行街 10 号

0512-63339311/63335091

床位 50 元起

周庄国际青年旅舍

苏州市昆山市周庄镇北市街 86 号

0512-57204566

80 元 / 人

明月湾礼耕堂客栈

苏州市吴中区明月湾古村 107 号

0512-66279450　13771828401

标准间 100 元左右

同里楼家木米女客栈

苏州市吴江区同里古镇鱼行街 205 号

0512-63338233

标准间 159 元起

平江客栈

苏州市姑苏区钮家巷 33 号

0512-65233888/65233318

标准间 390 元

水云阁精品客栈

苏州市昆山市周庄镇富贵园路 88 号

0512-57211798

标准间 300 元

星空客栈

苏州市姑苏区平江路 166 号

0512-67705116

大床房 268 元

花间堂唯美人文客栈

苏州市昆山市周庄镇中市街 110 号

0512-57220008

特色精品房 650 元

敬仪堂客栈

苏州市吴江区同里镇富观街 5 号

0512-63338805

床位 120 元起

汉庭快捷酒店（苏州拙政园店）

苏州市姑苏区临顿路 302 号

0512-87779398

标准间 207 元起

水墨江南宾馆

苏州市吴中区甪直镇正源路文化园（临近晓市路）

15962125394

标准间 300 元

购在苏州

苏州的观前街、十全街、石路、南门商业区等，都是集娱乐、餐饮、观光、购物于一体的现代化特色商业区，也是海内外游客苏州之行的必游之地。

推荐特产

碧螺春

碧螺春产于苏州市太湖洞庭山。这里水面辽阔，碧水荡漾，空气湿润，气候温和，冬暖夏凉，土壤呈弱酸性或酸性，质地疏松，拥有有益于茶树生长的得天独厚的环境。据史料记载，碧螺春有千年历史，早在隋唐时期就极负盛名。传说，康熙皇帝南巡到苏州品尝此茶，赐其名“碧螺春”。碧螺春是中国十大名茶之一，属于绿茶。上等碧螺春的采制要求十分严格，每年春分前后开采，谷雨前后结束。春分至清明采制的明前茶品质最为上乘，此时芽叶初展，多旗枪、雀舌。采摘的茶叶必须及时进行摊放拣剔处理，在采摘当天完成炒制。茶叶的炒制历来是民间的绝活，碧螺春的炒制经过杀青、揉捻、搓团显毫、烘干等步骤，每一步都十分讲究。

太湖“三宝”

太湖水产资源丰富，为苏州人提供了丰富的美食资源，银鱼、梅鲚和白虾并称为“太湖三宝”，驰誉中外。银鱼，俗称面条鱼，太湖银鱼分为大银鱼、雷氏银鱼、短吻银鱼和寡齿短吻银鱼 4 种。太湖银鱼体细长、洁白如玉、晶莹透亮，肉质鲜嫩细腻，无骨刺、无腥味，营养丰富，被誉为“鱼参”。传统名菜银鱼球和银鱼摊黄菜，均以银鱼作为主料。太湖梅鲚，又名湖鲚，其肉质细嫩，味道鲜美，营养价值丰富。特别是嫩骨和卵中含有大量的钙质。渔民经常把打捞起来的梅鲚用炭火烤干，制作成味道鲜美的梅鲚干，供大家享用。太湖白虾，亦称脊尾白虾，素有“太湖白虾甲天下”之说，其体色透明，营养价值高，含有多种微量元素。名菜碧螺虾仁、炒虾饼和三虾豆腐均以白虾作为主料。

太湖莼菜

太湖莼菜又名水葵，属睡莲科，历史悠久，早在明末清初，就已人工培植。太湖莼菜与鲈鱼齐名，古代还有“莼鲈之思”的典故，意为思念家乡。莼菜的叶子呈椭圆形、深绿色，幼叶与嫩茎中有一种胶状黏液，含有丰富的蛋白质、葡萄糖等多种成分。新鲜的莼菜采摘后只能存活一天左右，要立即加工、处理。苏式菜肴中的名菜火腿莼菜汤、芙蓉莼菜，就是用太湖莼菜配以辅料烹制而成。其口感清香爽口，润滑不腻。莼菜也可加工成罐装，可常年保鲜。

推荐商圈

观前街

观前街位于苏州古城中心，是苏州最繁华的商业区，也是苏州步行街的所在地。街两边商场云集，名店众多，著名的玄妙观小吃街、太监弄美食街也在这一带。

石路

石路是苏州具有代表性的现代商圈，大型商业广场、购物中心、中西式餐厅、小酒吧等在此云集。北石路广场上，有苏州市规模最大的旱喷泉。新风巷的饮品一条街上，咖啡屋、酒吧、餐馆林立，是休闲的好去处。

南门商业区

南门商业区位于苏州古城南端，是苏州市城南最繁华的地区。大型综合商场和各类专业市场，如苏州较大的水产市场、蔬菜水果批发市场、茶叶市场、电子市场，以及休闲娱乐场所、餐厅等，都可以在这里找到。

十全街

十全街是一条颇具明清风情的小街，在这些明清式房屋的后面，有众多的餐馆。无论是山城火锅、东北菜、日本料理、韩国料理、烧烤、广东菜还是淮扬菜，只要是你想得到的口味，在这里几乎都可以找到。同时，十全街上的工艺品也是五花八门，苏绣艺术品、紫砂壶、陶器、丝绸制品、书画、红木小件等应有尽有。

南浩街

南浩街东沿大运河、南邻金门路、北靠老阊门、西连石路商贸中心亚细亚广场，是一条全长 600 米、以明清风格为主的商业街。一年一度的“轧神仙”就在这里举行。

吃在苏州

苏州是苏式饮食文化的发祥地。苏州菜口味清淡，普遍偏甜，制作精细，卖相好，有的菜端到桌子上来，就像一件艺术品，让人不忍动筷。苏州菜在烹饪上擅长炖、焖、蒸、烧、炒，重视调汤，强调原汁原味。苏式招牌菜有松鼠桂鱼、响油鳝糊、西瓜鸡、太湖莼菜羹、翡翠虾斗、阳澄湖大闸蟹、藏书羊肉等。

苏州小吃非常有名，其中观前街玄妙观小吃最具代表性，与南京夫子庙秦淮小吃、上海城隍庙小吃、湖南长沙火宫殿小吃并称为中国四大小吃。五香排骨、鸡鸭血汤、藕粉圆子、炸酥豆糖粥等，都是具有苏州特色的小吃。

苏州菜

礼耕堂

苏州市姑苏区平江路卫道观前 3 号
0512-67288816
9:00—22:00

松鹤楼菜馆（观前店）

苏州市姑苏区太监弄 72 号（近观前街玄妙观）
0512-67700688
11:00—14:30，17:00—21:00

吴门人家

苏州市姑苏区潘儒巷 31 号
0512-67288041
11:00—13:30，17:00—20:30

得月楼（老店）

苏州市姑苏区观前街太监弄 43 号
0512-65238940
10:30—14:00，16:30—21:00

小吃

同得兴（嘉馀坊店）

苏州市姑苏区人民路嘉馀坊 6 号
0512-65113808
6:00—13:00

哑巴生煎（临顿路店）

苏州市姑苏区临顿路温家岸 12 号
0512-67208077
5:30—19:30

陆稿荐

苏州市姑苏区观前街 8 号（临近长发商厦）
0512-67270158
8:30—18:00（卖完为止）

美食街

太监弄

苏州最繁华的观前街，有一条 200 多米长的小弄，名为太监弄，因明代苏州织造局的太监们聚居于此而得名。太监弄是苏州知名度最高的美食街之一，10 余家苏州最有名的餐厅聚集于此。苏州民间有谚曰："天堂是苏州，吃煞太监弄。"足见其在食客中的影响力。

凤凰街

凤凰街南口接带城桥、十全街，北口接甫桥、干将路，是苏州城南东起第一条纵向的主干道，全长 1 065 米。唐宋年间，称孔圣坊巷，清代康熙帝南巡，因"金雀对凤凰"而易名为凤凰街。此地汇集了各地风味，东辣西酸南甜北咸俱全，有百盛酒楼、万家灯火大酒店、润记广东餐馆等知名餐厅。

李公堤国际风情水街

此为沿湖而建的一条商业街。入口处有个大的石牌，走进去，路两边大都是主题性酒吧、音乐餐厅、咖啡吧及特色餐饮等，每家都非常有特色。在这里可以感受到现代化商业气息与苏州小桥流水的传统风格的完美融合。值得一提的是，这里的夜景让人陶醉，享受美食后，在湖边休闲散步，吹着徐徐的晚风，很是惬意。

一日看尽苏州经典风物

苏州最著名的园林、历史印迹都汇集于此，可以说在这里能体会到最具苏州特色的一切事物。

时光无法忘记昨日的烟云

这段旅程涵盖了苏州最精华的景点，起始于中国古典园林之首的拙政园，终于秀雅的伽蓝寺，一日之内可以欣赏苏州最精彩的园林、王府、博物馆、寺庙等。如果你的行程比较赶，无法慢悠悠逛遍所有园林以及那些小街小巷，那么这段旅程便是你的不二选择。

苏州素来便以古典园林闻名于世，其园林不仅在数量上居全国之首，精致程度上也是别处无法望其项背的。这其中，拙政园尤其惹人注目，它和留园、颐和园、避暑山庄并称为中国四大名园。众所周知，苏州的古典园林有个共性，那就是小而精致，但拙政园是大而精致，当然这里的参照物是就苏州而言，不能拿北方皇家园林来对比。

欣赏了那么多园林式建筑，理应再补充一点园林方面的知识，这样才不至于走马观花、一问三不知。好在这段旅程中恰好就有园林博物馆，在雅意十足的园林中，你可以了解到叠山、理水、花木、建筑等造园手法。既能逛园子，又能长知识，真是一举两得。最后一站来到苏州河畔的伽蓝寺，寺庙不大，后院是尼姑们日常起居的禅院，鸟语花香，倒也清静，于此散散步舒舒心也是极好的。

拙政园

伽蓝寺

起始地：
拙政园

路线：
拙政园（游）—小沧浪（游）—太平天国忠王府（游）—苏州博物馆（游）—苏州园林博物馆（游）—伽蓝寺（游）

终点：
伽蓝寺

01 拙政园 >

闹市里的山林

一天必游 二天必游 三天必游 四天必游 五天必游

一提起苏州，率先出现在你脑海中的是什么？我猜大部分人都会毫不犹豫地想起苏州园林。如果说万里长城、故宫是北京的名片，东方明珠是上海的标志，那么园林就是苏州的代表。苏州的园林不仅精致，而且数量庞大，街头随意逛几圈，你就能邂逅无数个园子。如果你时间有限，那么拙政园一定不要错过，这可是中国古典园林之首，它和留园、颐和园、避暑山庄并列为中国四大名园。

拙政园坐落在苏州城东北角，是苏州现存最大的古典园林，占地约 5.2 万平方米。作为私家园林中的典范，拙政园必然有着诸多讲究。来到入口处，呈现在眼前的是灰色石门，中间是方格状的纹饰，上面写着拙政园 3 个金字，字体看来颇为圆润，甚至稍显笨拙，但拙中见巧，朴中有奇，可见设计者用心之良苦。两侧各开一道门，从右到左上书“淡泊”“疏朗”。穿过悠长走廊，迎接你的便是豁然开朗。继续往里走，一座座精巧雅致的楼阁徐徐出现，当真是一步一景、移步换景的节奏。

拙政园整个园林以水为中心，分为东、中、西三部分，各个部分有着各自不同的况味。东花园山池亭榭一一俱足，主要建筑有兰雪堂、芙蓉榭、缀云峰等，站在高处放眼望去，一片开阔疏朗。中花园则包揽了整个园林的精华，中间有个水池，高低不一、形状各异的亭台楼榭像一串星星环绕在水池边。远香堂是中部主体建筑，它的旁边就是种满了荷花的水池，每当清风袅袅，荷花的清香就扑鼻而来。

不同于东花园、中花园，西花园胜在建筑之巧妙。如果你看过卅六鸳鸯馆，想必你也会被其精巧精致所吸引。卅六鸳鸯馆是园主人宴请宾客和听曲的场所。它的顶棚采用拱形设计，既弯曲美观，又能反射声音，从而营造出天然的音响效果。更让人拍案叫绝的是馆里的蓝色玻璃，天晴的时候，透过玻璃望出去，映入眼帘的却是一片片雪景。雪对于南方来说非常少见，园主为了一睹雪之浪漫，着实花费了不少心思。

西花园另一重要建筑是与谁同坐轩，名字取自苏轼的“与谁同坐，明月，清风，我”，光听名字就足够风雅，再看看建筑本身更是情趣盎然。这是个扇形亭子，扇面两侧实墙上开着两个扇形空窗，一个对着倒影楼，另一个对着卅六鸳鸯馆。不得不赞叹营造者的匠心独运，能在如此有限的空间里，造出如此富有诗情画意的空间来，让人频繁生出虽处城市，却犹如置身山林之感。

苏州市姑苏区东北街 178 号

乘坐 40 路公交车到达北园新村，向西步行约 300 米到拙政园；乘坐游 5 路、529 路公交车到达苏州博物馆（拙政园、狮子林），向东步行约 500 米到拙政园

7:30—17:30

淡季 50 元，旺季 70 元

02 小沧浪 >

小小沧浪亭，大大山水情

说起苏州园林，着实令人赞叹不已，苏州那么多园林，却各有千秋，有的以景观丰富取胜，有的以建筑精美见长，有的甚至是以水面风光出彩……总之，无论是哪个园林，哪怕面积再小，你都能在有限的空间里看见无限的诗情画意，小沧浪就是这其中的典型代表。

严格意义上来说，小沧浪并不是一个单独的园林，它是拙政园的组成部分，属于拙政园中一个独立的水院，由小飞虹、得真亭、志清意远、小沧浪、听松风处等轩亭廊桥依水围合而成，独具特色。小沧浪水院面积约600平方米，约占拙政园中区面积的二十分之一。它的位置比较隐蔽，在见山楼景线的末端，用曲径通幽来形容再合适不过。

小沧浪为三开间硬山屋顶，凌驾在水面之上。水院名字取自《楚辞》"沧浪之水清兮，可以濯吾缨。沧浪之水浊兮，可以濯吾足"之意。缓缓地走进它，这才惊觉室内陈设如此简单，虽然简单但雅趣却不曾

苏州市姑苏区东北街178号拙政园内
7:30—17:30

打折扣。室内陈设着几组小型假山，造型莫不奇特，有的像五位老者在休憩，有的像似睡非睡的卧牛，有的像戏耍的海豚……可是角度一偏离，或者过一会儿再看，又好似其他的。可见，似与不似这个观感还是比较主观的，并无定式，你说像就像，你说不像就不像，而这也正是苏州园林造景的一个技巧，给人无尽的想象。

像是五位老者在休憩的假山上方挂着一个橘红色牌匾，上面用行书书写着“沧浪亭”3个字，橘红色的牌坊底色和草绿色的字体颜色相互映衬，给这个朴素内敛的室内空间带来些许青春活力。除了假山之外，屋里还挂着若干幅花团锦簇的绘画作品，绘画作品的满和室内布置的空再次形成一种有趣的对比。转个身，来到四扇相连的万字纹窗格前，一片幽绿就这样映入了眼帘，看得人神清气爽，尤其是盛夏酷暑难耐的时候，这片绿真是天然的清凉油。

小沧浪是个奇妙的存在，妙就妙在它的水院景观组合，毫无疑问，要想欣赏最美水景，这里就是最佳去处，再没有比这儿更好的观景点了。从小沧浪往北看，廊桥小飞虹倒映在水里，仿佛彩虹一般。小飞虹对面是荷风四面亭。往西北走则是得真亭，得名于《荀子》：“至于松柏，经隆冬而不凋，蒙霜雪而不变，可谓得其真矣。”流水先是汇聚在藕香榭前，突然又分流到各个角落，其中一条支流悠然穿过小沧浪，颇得“水面有聚有散，聚处以辽阔见长，散处以曲折取胜”的要领，细细看来真是令人赏心悦目。

03 太平天国忠王府 >

王府也可以小家碧玉

二天必游 三天必游 四天必游 五天必游

苏州市姑苏区娄门内东北街 204 号

乘坐 40 路公交车到达北园新村即到；乘坐游 5 路、529 路公交车到达苏州博物馆（拙政园、狮子林）即到

9:00—17:00

免费

在大部分人眼里，王府都应该是高门大院，庭院深深，兴许走上一天都无法将其看个遍才是。其实不然，并不是所有的王府都将高大全当作府邸宅院的标配。大有大的好处，小有小的精彩，在历史文化名城苏州就有这么一座王府，不大，甚至可以说是小家碧玉，却依然吸引着不少人前去参观，那便是太平天国忠王府。

忠王府就是清代农民起义政权太平天国忠王李秀成的王府，这个王府是当年太平天国留存下来的最完整的建筑物，也是中国历史上遗存下来的最完整的农民起义军王府。忠王府位于东北街 204 号，它的邻居赫赫有名，一是拙政园，一是贝聿铭的传奇之作苏州博物馆，一是狮子林……能和如此“大腕”毗邻而居，忠王府自身环境自然是差不了。

忠王府是署、宅、园三位一体，庭院中还留着一棵高大的紫藤树，这可是明代画家文徵明亲手种下的，每当紫藤花开时，像是有一道道紫色瀑布从墙里流到墙

外，其生命之旺盛着实让人震惊。几百年后，紫藤树还是这棵紫藤树，可是种树的人却早已不在，岁月总是这样让人唏嘘不已。

迈着悠闲的步子悄悄来到大殿，瞬间被扑面而来的金碧辉煌闪到了眼。金色和红色帷幔，大殿正中央摆放着一把金光闪闪的龙椅，这真是一把龙椅呢，光是椅背上就有 3 条腾云驾雾的盘龙，就连扶手上也都是金龙！

正打算辞别大殿往外走时，目光又被一扇扇木门勾住了，红褐色的门板上有一个个圆圈装饰，圆圈里面各有一条驾着祥云的飞龙。从椅子再到门厅，龙的形象无处不在，且各有韵味。别看忠王府面积不大，里面却透着霸气，看看这无处不在的龙就知道了。

在忠王府大殿东侧还保留了一座大型的室内戏台，是清咸丰十年（1860 年）李秀成攻克苏州后所建。戏台呈方形，是个二层建筑，原本有三座，现仅存一座，台口有可以升降的铁杠一根，为演武戏“上杠子”时所用。和别的苏州园林一样，忠王府也是一步一景，小桥流水、花鸟虫鱼一样不少。漫步在这里，你无须赶时间，只要放空自己，然后去慢慢解读这里的前世今生便是！

04 苏州博物馆 >

一位耄耋老人的传世之作

一天必游 二天必游 三天必游 四天必游 五天必游

对于一个自诩为文艺和历史文化爱好者的人来说，每到一个新的城市，如果有博物馆的话，那是一定要去参观的。博物馆也许没有商业步行街的繁华热闹，没有景点的美名远播，它不高调甚至过于含蓄内敛……但往往越不张扬，越有其惊人之处。博物馆就是这样的地方，你只要给它几个小时，它就能让你看懂千年的历史！

这些年，从南到北看过的博物馆不在少数，但你若问我印象最深刻的是哪家，我会脱口而出说苏州博物馆，也正是因为几年前无意中走进苏州博物馆，这才一发不可收拾地迷上了博物馆之旅。苏州博物馆 1960 年建立，新馆 2006 年 10 月落成，这是一座集现代化馆舍建筑、古建筑与创新山水园林三位一体的综合性博物馆。

苏州博物馆分为三部分。中心部分是入口处、大厅和博物馆花园；西部为展区；东部为现代美术画廊等。苏州作为一个拥有着几千年悠久历史的文化古城，又是吴越文明发祥地，其博物馆的馆藏文物自然是少不了，光是展出的就有 4 万余件，尤以历年考古出土文物、明清书画、工艺品见长。

如果你光临了苏州博物馆，那么千万不要错过常设展厅，这里设有“吴地遗珍”“吴塔国宝”“吴中风雅”“吴门书画”4

苏州市姑苏区东北街 204 号
游 1、游 2、游 5、55、178、202、309、313、518、529、923 路等公交车在苏州博物馆站下
9:00—17:00（星期二至星期日，16:00 停止入馆；每星期一闭馆，国家法定节假日除外）
免费

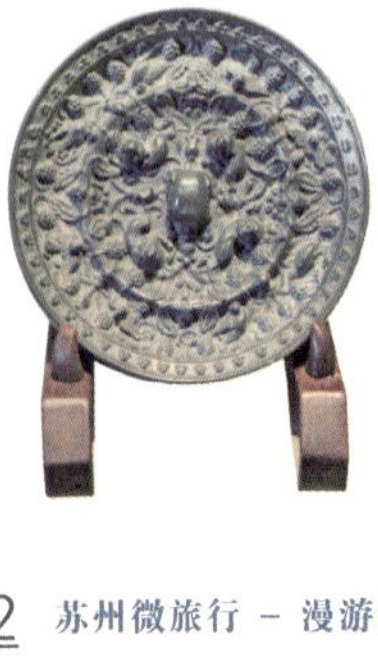

个常设展厅。其中“吴地遗珍”系列包括晨光熹微、争伯春秋、锦绣江南、都会流韵四个主题展室；“吴塔国宝”系列包括瑞光寺塔佛教文物和虎丘云岩寺塔佛教文物两个主题展室；“吴中风雅”系列包括书斋长物、陶冶之珍、攻玉巧技、雕镂神功、文房雅事、闲情偶寄、墨戏草堂（即宋画斋，室外）、锦绣浮生展厅；“吴门书画”尤以吴派及吴派源流诸子、四王吴恽及其源流诸子、扬州画派诸子等的作品居多。

其实对于我来说，喜欢苏州博物馆最主要的原因是它那让人过目不忘的外观，都说形式是服务于内容的，但苏州博物馆的形式本身就是另一种意义上的内容。让人过目不忘的外形指的是苏州博物馆新馆，这个新馆可是建筑大师贝聿铭先生的封刀之作。在整体布局上，新馆沿用了苏州园林善用水面造景的传统，无论你从哪个角度看，其倒影都是那样的干净精致。

苏州博物馆新馆最大的特色就是建筑造型与所处环境自然融合，以及最大限度地把自然光线引入到室内，而这也是贝聿铭大师一贯的设计风格。走进新馆，迎面是一幢粉墙黛瓦的建筑，对称的几何图形与随处可见的大玻璃组合得甚是完美，有着简洁却不简单的极致之美，还带着丝丝禅意。漫步在这里，有清风拂面而过，有丝竹轻奏小曲儿，还有建筑这凝固的舞蹈可看，实在是惬意至极……

05 苏州园林博物馆 >

带你读懂苏州园林的奥秘

三天必游 四天必游 五天必游

每个城市都有每个城市的特点和名片，对于苏州来说，这张名片非园林莫属。苏州的园林，大大小小、林林总总、不胜枚举，你可都能一一看懂其深层的文化内涵？我想大部分人的回答都和我一样是否定的！如果你来到苏州，那么不妨先去园林博物馆逛一逛，别看这座博物馆规模不大，小空间里却藏有大乾坤！

苏州园林博物馆是我国第一座园林专题博物馆，老馆位于拙政园内，新馆位于拙政园西侧，在原来二层小楼的基础上新建了一层建筑。

苏州市姑苏区东北街 202 号
乘地铁 4 号线在北寺塔站下步行约 800 米
9:00—17:00
免费

整个新馆分成序厅、园林历史厅、园林艺术厅、园林文化厅和结束厅几个部分，其中园林艺术厅详细展示了叠山、理水、花木、建筑等造园手法。

新馆的外观一如既往地沿袭了苏州民居风格，清一色的粉墙黛瓦，和相邻的拙政园、狮子林等古典园林毗邻而居，竟毫无违和感。我在建筑方面，看到喜欢的画面和场景都会忍不住多看几眼，刻有“苏州园林博物馆”的这面墙轻而易举就俘虏了我的心。灰白的墙面上有深蓝的字凸起，左边还有碧绿的树叶倾斜下来，懒懒散散地垂挂在这灰白和深蓝之间。由灰白、深蓝、嫩绿组合而成的画面看起来简洁而又清新，一如苏州精致的美!

按顺序参观，首先来到的是序厅。在这里你可以通过一组 126 个小人共同劳作的场景清晰了解到清代造园的情景，从相地到立基、树屋、油漆、叠山。有人在粉刷墙面，

有人在雕刻花窗，有人在刷漆，有人在搬运家具……全过程尽在这 126 个栩栩如生的小人像中。

参观完序厅，沿着长廊慢慢走，你就来到了历史厅。在历史厅你可以近距离触摸春秋时期的姑苏台，感受苏州园林的深远历史。当你逛累了，不妨抬头望望墙外，外边就是拙政园，有一棵高大的银杏树沿着墙边兀自生长，尤其是秋风一扫的时候，满地翻黄银杏叶，美不胜收。站在历史厅的门口，你既可以抬头欣赏那片高擎的金黄，又能在落地窗中饱览一树一树的金色，这不正是苏州园林常用的借景手法吗?

文化厅则深入浅出地解析了园林与文人、哲学、文学、书画、碑刻、赏石、民俗等方面的相互关系，足见苏州园林的文化内涵。这里的馆藏文物颇多，我个人比较推崇的是李可染的《拙政园图》双面绣。李可染是著名的国画大师，江苏徐州人。他注重将西方绘画中的光影、色彩表现手法融入中国传统山水画，作品集东西方风格于一体。《拙政园图》画面层次丰富，线条遒劲丰润，用墨浓重，着色淡雅，留白恰到好处。为了更好表现画作本身，绣娘们用更能体现色彩和光线的乱针绣针法，历时近半年才将其绣制而成。李可染的经典之作，加上精致秀雅的苏绣，这件作品注定是不朽的，当你盯着它多看几分钟时，你会产生错觉，难道自己不是在拙政园里吗？苏州园林博物馆与其说是座博物馆，不如说就是座园林。如果你来苏州，那么不能不去苏州园林看看；但在去园林前，不可不先来苏州园林博物馆开开眼界、长长知识。

06 伽蓝寺 >

苏州河畔的清静去处

如果说园林是失意文人寄情山水、隐居闹市的栖居所在，那么寺庙便是善男信女的精神归宿，无论走到哪儿，只要有那么一座寺庙，内心便可以迅速安静下来，这就是信仰的力量。在苏州河畔的古城中，有这么一座寺庙，名叫伽蓝寺，它的面积不大，甚至可以说很小，随便走动一下就能一览无余，但“山不在高、有仙则名；水不在深，有龙则灵”。

伽蓝寺的历史可以追溯到清朝，其前身为关帝庙，清顺治六年（1649 年）始建，后毁于战乱。光绪八年（1882 年）由修觉住持募捐重建，并亲题“不二法门”门碑。同年，清末苏州状元陆润庠题“关帝庙”庙名，如今依然可以看到这两块碑，就镶嵌在弥勒殿的南墙上，稍微留意一下便能看到。

🏠 苏州市姑苏区莫邪路娄门桥旁

🚌 301、305、313 路等公交车在娄门站下车西行过娄门桥即到；70 路公交车在娄门桥站下车可达

🕒 全天

¥ 免费

伽蓝寺处在古城风貌带，三面环水四面环路，无论从哪个角度观看，都能欣赏到寺庙的古树苍天。远远看来一片郁郁葱葱、苍翠欲滴，尤其是盛夏时节望向这里，清爽从心底升起！隐约之中还能看到藏在这一片墨绿中的黄墙灰瓦院落，它是那样的素朴安静，让人极为喜欢。

慢慢靠近它，这就来到了山门前，依然是黄墙灰瓦的院落。抬头望，只见烫金楷体书写的“伽蓝寺”3个字秀雅端庄，和寺庙本身气质很搭。寺名落款为明学，明学即明学大和尚，中国佛教协会副会长、江苏省苏州市灵岩山寺方丈。不鸣则已，一鸣惊人，果然是“山不在高，有仙则名”的感觉。

山门两侧各有一头栩栩如生的石狮，雕刻得甚是精美。穿过山门，就来到了主体建筑面前。正中间是大雄宝殿，殿里供有西方三圣、弥勒佛等。旁边还有藏经楼、伽蓝殿等建筑，面积虽不大，但麻雀虽小五脏俱全。逛完了主体建筑，不妨去后院看几眼，这里是尼姑们日常起居的地方，种满了花卉绿植，颇有禅房花木深的感觉。一圈走下来，看遍了整座伽蓝寺，内心也被涤荡得一片澄澈明净。

伽藍寺
明學書

善

巷弄间的休闲之旅

这条线上的景点大多相距不远，且面积不大，一天走下来倒也是绰绰有余。

走进小巷，迷失在往昔的风情中

这趟旅程主打轻松休闲，你无须赶时间，也不用承受舟车劳顿，你需要做的就是，穿一双舒适的鞋，再带上一颗轻快的心，即刻出发就好。

细细数来，苏州的寺庙也不算少，每座寺庙各有各的亮点。如果说寒山寺胜在有张继为他写诗，那么北塔报恩寺则赢在高度上。整个苏州古城里，恐怕再也找不到比北塔报恩寺更高的建筑了。当你登临北塔报恩寺最高点时，整个苏州古城就像一幅卷轴画慢慢呈现在你眼前，你会惊喜地发现，原来粉墙黛瓦不只有秀美的一面，也可以谱写出壮美的诗篇。

何止是寺庙多，苏州的地方特色博物馆也是不胜枚举，足以见得苏州对文物历史的热爱程度。在这趟旅程中，你将与工艺美术博物馆近距离接触。这个博物馆和拙政园、狮子林、苏州博物馆挨着，就是一条街从这头到那头的距离。不过你得注意别走过了，因为它的门脸很小，一不小心就错过了。博物馆陈列着不少象牙雕、玉雕、苏绣等精美展品，慢慢欣赏还是挺不错的。

北塔报恩寺

桃花源记
（平江店）

起始地：

北塔报恩寺

路线：

北塔报恩寺（游）—苏州工艺美术博物馆（游）—狮子林（游）—立雪堂（游）—吴钟骏故居（游）—丰备义仓旧址（游）—平江路（游）—桃花源记（平江店）（食）

终点：

桃花源记（平江店）

01 北塔报恩寺 >

三天必游　四天必游　五天必游

尽览苏州古城全貌

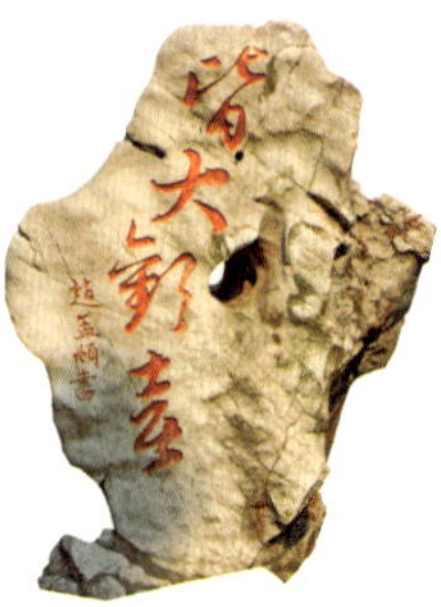

许多人去苏州都只是在地面平视，如果你再去，那么可以考虑换个角度，比如说在高处俯瞰，这样你对苏州古城的了解就又多了几分。紧接着你又会问，应该去哪儿看？让我来告诉你，这个地方就是北塔报恩寺。

北塔报恩寺位于姑苏区人民路，顺着这条路向东走，就到了赫赫有名的苏州博物馆和拙政园。相比较它的“大牌”邻居，来北塔报恩寺的人相对要少很多，少了人山人海的聒噪，此处自然就变得清幽起来。

北塔报恩寺分为北塔和报恩寺两部分。报恩寺距今已经有 1700 多年，这是苏州历史最为悠久的寺院，始建于三国赤乌年间。据史志记载，这是孙权为乳母陈氏所建，始称通玄寺。唐初改称开元寺，后易名为报恩寺。你可知历史上的报恩寺有多出名？赵孟頫曾在此作画题诗；乾隆南巡竟然两次游历报恩寺；华严宗高僧还在这里代代相传……难怪报恩寺素有“吴中第一古刹”之称。

进了山门，来到大殿前，我的目光不由自主被门口的石狮子吸引过去。在我看来这石狮的风格太有趣了，它的右前肢杵在地上，左前肢却踩在圆球上，臀部半坐半蹲，嘴巴咧开着，眼睛看着斜前方。如果这狮子会说话，你猜它会说什么？当然是在说：“嘿嘿，小样，我在这里等得花都谢了，你怎么才来？”

穿过报恩寺，悄悄来到后院，只见黄墙灰瓦的院落里古树参天、郁郁葱葱，一路走来甚是赏心悦目。随即你会发现你已经来到了北塔面前，这是中国楼阁式佛塔，塔有八面九层，塔高 76 米，为江南第一古塔。塔内有木梯可以登顶，当你爬上塔顶时，整个苏州古城尽收眼底。那成片成片的粉墙黛瓦建筑简直美极了，平视是一种感觉，从高处俯瞰远望又是另外一种享受，果真是秀色可餐！在高处环顾一圈，你会发现你所在的位置就是苏州古城的最高点，北塔报恩寺是古城内的最高建筑。

苏州市姑苏区人民路 1918 号
1、2、4 线，1、313（原 3）、8、502（原 20）、38、101、102、103 路公交车可达
7:45—17:30
25 元

知恩報恩

02 苏州工艺美术博物馆 >

在闹市中兀自静美的博物馆

如果你在苏州待的时间久了，就会发现这座古老文明之城不仅古典园林多，博物馆也不少，毫不夸张地说，那真是走着走着就遇到了。如果你没有遇到，多半是你没有留意或者一不小心错过了。苏州工艺美术博物馆便是这样一个容易让人错过的地方。

苏州工艺美术博物馆坐落在西北街 88 号，地理位置四通八达。往东走是拙政园和狮子林，往西走是北塔报恩寺，它和苏州博物馆就隔着一条临顿路，沿着苏州博物馆往西北方走，过一个路口就能看到，只不过工艺美术馆的门脸比较小，你得多加留意才能和它浪漫邂逅。

苏州市姑苏区西北街 88 号
地铁 4 号线在北寺塔站下步行约 500 米
9:00—17:00（16:30 停止入馆）
¥ 5 元

当你走进苏州工艺美术博物馆的时候，一定会惊讶这里怎会如此雅致。猛然一看，与其说这是一座博物馆，倒不如说是一处幽静的园林。事实上确实如此，工艺美术博物馆就是由一座清代私宅改造而来，每一扇窗棂都是那样精致，每一个门洞都是那样别致。透过那扇窗，你会发现墙角的花儿正在悄然绽放；透过那个门洞，你会发现曲径通幽也能引人入胜……不同于拙政园、留园、狮子林等名声在外的园林，恰是默默无闻的工艺美术博物馆守住了古典园林应有的清静气质。

苏州工艺美术博物馆是华东地区最大的工艺美术博物馆，展馆环境和面积、藏品品种和数量都居全国前列。这里不仅庭院美，展品也是美得无以复加。博物馆有 4 个展厅，中间由庭院相连，当你左顾右盼的时候，说不定还会被门口那件巨大象牙雕刻震撼到。

除了各种象牙雕，橱柜里还陈列着琳琅满目的玉雕、木雕、苏绣等。苏绣，四大名绣之首，绣工莫不细致、针法莫不活泼、色彩莫不清雅，我猜任何一个爱美的女生都难以抵挡这份雅致柔美，反正我是被彻底征服了。馆里有一幅单面绣《蜀葵双鸭》，这幅作品用苏绣传统针法绣制，绣品上的双鸭羽毛丰满，色泽明亮，无论是远看还是近观，都是那样的栩栩如生，极为精美，看得我两眼放光，目光竟然舍不得移走。慢慢逛一圈下来，你会惊喜地发现，这座工艺美术博物馆面积虽然不大，但展品却不少，不仅数量多，而且个个都是精品，你想不被惊艳到都难，匠人之心可见一斑。

03 狮子林 >

一天必游 二天必游 三天必游 四天必游 五天必游

在假山王国感受无处不在的悠悠禅意

苏州古典园林给人的感觉一直都是空灵秀雅，无论你置身在哪个园林，这 4 个字肯定伴随左右、如影随形！为何苏州园林的格调可以如此一致？直接原因就是参与设计建造的人大部分都是文人士大夫，而这些人深受讲究空灵秀雅的禅宗文化的影响。在苏州诸多的古典园林中，狮子林绝对是这方面的典型代表，漫步在这个精巧的园林里，你随时随地都可以感受到悠悠禅意。

狮子林是苏州四大名园之一，始建于元代，历史悠久。这可不是一座简单的园林，而是融禅宗之理、园林之乐于一体的寺庙园林。乾隆皇帝六次南巡，从第二次南巡开始，先后五次亲临狮子林，不仅赞狮子林“一树一峰入画意，几湾几曲远尘心”，还为狮子林题“真趣”匾，皇恩如此浩荡，可见狮子林魅力之大。

众所周知，狮子林素来都以假山著称，这里的假山群以“透、漏、瘦、皱”的太湖石堆叠。假山上有石峰和石笋，石缝间长着古树和松柏，石笋上悬葛垂萝。此外，假山又分上、中、下三层，共有9条山路、21个洞口。在狮子林逛一圈下来，你很快会发现，这里的山虽然不高，但却足够新奇，迂回曲折、回环起伏，加上各种洞壑，简直如迷宫一般；这里的水虽然不深，但却足够宛转，飞瀑流泉若隐若现在花木扶疏之间。所以如果你不小心在里面走丢了，没有关系，这不是你的错，要怪就怪错综复杂的假山吧。

精巧的假山是狮子林的一大特色，另外一大特色便是无处不在的禅意，虽然全园不见半个禅字，但这种感觉却无处不在，颇有羚羊挂角的美感。这种禅意的传达最直观的载体

苏州市姑苏区园林路23号
309、518、112、55、262、202、811、529、游1、游2路公交车，50东线、50西线、游5南线、游5北线、游1北线、游1南线公交车可达
9:30—16:30（3月1日至10月15日），10:30—16:00（10月16日至次年2月）
旺季40元，淡季30元

便是一个个厅堂名，比如说指柏轩、立雪堂、问梅阁等。

指柏轩为两层楼建筑，全名“揖峰指柏轩”，此名出自宋代朱熹的诗句“前揖庐山，一峰独秀”和明代高启的诗句“人来问不应，笑指庭前柏”。指柏轩与禅宗公案“赵州指柏”的典故相关。有僧人问赵州：“如何是师祖西来意？”州云：“庭前柏树子。”

问梅阁说的是马祖问梅的故事。唐代法常是马祖道一禅师的弟子，“容貌清俊，性度刚敏，具有超人的记忆力”。马祖为了检验其领悟程度派僧人去打探，那僧人对法常说：“马祖大师近来佛法有变，又说非心非佛。”法常说：“他说他的非心非佛，我只管即心即佛。”

法常不唯上不唯理的反应让马祖禅师赞叹不已，并说："大众，梅子熟了。"后来法常便被称为"大梅禅师"。

立雪堂原为说教之堂，此名取自慧可和尚少林立雪之事。达摩祖师在少林修禅时，慧可为拜师在积雪没膝的门外等候，后被达摩祖师收为弟子，再后来修成正果，成为禅宗二祖。你可能难以相信，就连狮子林本身也是宗教用语。古时有龙生九子之说，其中五子狻猊形如狮子，喜好蹲坐，佛祖见它有耐心，便将其收为坐骑，狮子座泛指高僧座席。佛教中又有"狮子吼"说法，是指禅师传授经文。如此看来，狮子林还真不简单，到处都藏有玄机奥妙，难怪乾隆皇帝如此青睐于此。

04 立雪堂 >

四天必游 五天必游

在立雪堂感受禅意美

立雪堂，一听名字就很有诗意，其中肯定少不了典故的帮衬。立雪堂不是一个独立园林，而是狮子林中众多景观之一。它是一个独立院落，位置比较靠里，你可能得费点劲才能找到，不过越是难以抵达的地方，越是有意想不到的发现。

庭院深深深几许？走过无数厅堂，穿过无数花丛柳荫，立雪堂的“花容月貌”终于呈现在了你眼前。放眼望去，好一个清幽雅致的庭院！屋檐的四角高高翘起，像是鸟儿张开翅膀意欲远走高飞，怎奈腿却被绑住了！屋檐是无可奈何了，但墙角的花木却是胆大得很，直接就翻出了墙外，绿油油的一片。

在小院里慢慢闲逛，很快你就会被那一扇扇巧妙精致的月洞门吸

苏州市姑苏区园林路 23 号狮子林内

位于狮子林景区内，到达狮子林可步行前往

引过去，其实就是在石墙上开的一个个圆形洞门，一来可以让空间更为灵动通透，二来可以增加景观的丰富度，这可是古典私家园林中常用的构景技巧，可以说是借景，也可以说是框景。

看完了雅致的园景，是时候进到屋子里看看屋内陈设了。庭院如此雅致，内景自然也是马虎不得。走进堂内，你的目光很自然会落在一个落地圆光罩上，此罩似迷宫图案，俗称“一根藤”地罩，据说苏州园林中有两处，此处为其中之一。等你慢慢抬头时，两侧的对联又将给你惊喜：“苍松翠竹真佳客，明月清风是故人。”细细吟来，真是美妙极了，想象一下居住在这儿，在月光下喝着小茶，和苍松翠竹明月清风畅聊，这是何等的诗意，何等的惬意……

立雪堂原为讲经场所，后为书斋。“立雪”一词源出禅宗慧可雪地断臂立志拜达摩为师的故事。宋代又有儒家“程门立雪”之说，游酢和杨时一起去向程颐请教，不料程颐正在午睡，于是两人就一直站在一尺深的雪中等候。实质上，“立雪”意在尊师重道和诚意十足的求学精神。所以，别看只是简单的两个字，却是此中大有真意在，充满了无尽的禅思！

05 吴钟骏故居 >

从巷子里走出来的状元

突然发现一个有趣的现象，在苏州不仅园林多、博物馆多，状元也是多得不胜枚举，你就沿着那些小街小巷慢悠悠闲逛吧，没准儿一不小心就撞入某位状元家里了……难怪苏州可以成为千古历史文化名城，这绝不是一朝一夕造就的，而是来自于千百年来的文化坚守。

我和吴钟骏故居的相逢也是误打误撞，之前我并不知这位状元，那日我独自在平江路闲逛，忘了当时是在思量什么，反正一不小心就拐进了潘儒巷。对于我来说，既来之则安之，既然都闯了进来，说明还是有缘，那就安心逛逛，至于有什么结果，我倒不在乎。如果有意外的惊喜自然是锦上添花，没有收获我也不至于懊恼，或许这是长久以来在旅行中逐渐养成的一种随遇而安的心态吧。

沿着小巷子毫无目的地瞎逛，走着走着，就来到了潘儒巷 79-1，起初我并没有将它放在眼里。直到看到门前的简介，这才心中一顿，

苏州市姑苏区潘儒巷 79-1

178、202、262、309、529、811、923、925、游 1、游 2 路公交车在苏州博物馆（拙政园、狮子林）站下步行 300 米

免费

原来是状元宅邸，但未免太过于颓败了。然而，颓败的只是外观而已，其内核应当是丰盈的，我又岂能以貌取人呢？

这么想的同时，我悄悄走进了这座落魄的状元府邸，想要通过些许蛛丝马迹窥探一点状元的信息。简介中如此说道："吴钟骏，苏州人，道光年间的恩科状元。恩科始于宋朝，明清亦用此制，清代于寻常例试外，逢朝廷庆典会特别开科考试，称'恩科'。中魁后，吴钟骏先授翰林院修撰，累迁至礼部左侍郎。"出身于书香门第的吴钟骏，以"少年才子"闻名吴中。年仅 13 岁，他已遍读四书五经，据《苏州府志》记载，不少拗口的文章，他竟能"背诵不遗一字"。考中状元步入仕途之后，又因敢于直谏，深受咸丰皇帝赏识。

作为状元的故居，其前身自然是恢宏的，据介绍说吴宅坐北朝南，共两路五进。东路门厅有双翻轩。第二进为大厅，面阔三间 12.4 米。楼厅前有砖雕门楼，额"毓秀口臻"。然而时过境迁，这些辉煌早已荡然无存，唯独留下"绥我眉寿"砖雕门楼和"毓秀"二字。由于不得入内，并不能将状元故居看个究竟。就让我们透过文字记载重塑它的光辉形象吧！

06 丰备义仓旧址 >

读懂达则兼济天下的情怀

观照人的一生，无非短短几十载。有的人，一生无所事事、碌碌无为；有的人，穷其一生都在发光发热，只为照亮他人！前者，注定是轻于鸿毛；后者，自然是重于泰山，孰是孰非，历史自有定论！

如果说虎门销烟让我们看到了一个钦差大臣的铮铮铁骨，那么丰备义仓则让我们看到了一个钦差大臣的悲悯柔情。这个钦差大臣不是别人，就是历史上赫赫有名的林则徐。对于虎门销烟的史实我倒是烂熟于心，关于丰备义仓我却是陌生的，直至在苏州的街头遇见它。

义仓是旧时各地汉族储粮备荒的一种社会习俗，隋唐已有，用今天的话来说就是“以丰年之有余，备荒年之不足”，丰备义仓就是这种指导思想下的历史产物。义仓原有上、中、下三院，共有砖木结构平房300余间，规模庞大。

苏州市姑苏区潘儒巷87号

178、202、262、309、529、811、923、925、游1、游2路公交车在苏州博物馆（拙政园、狮子林）站下步行500米

全天

丰备义仓旧址位于潘儒巷 87 号，建于清道光十五年（1835 年），创建者正是时任江苏巡抚的林则徐。

都说一个篱笆三个桩，一个好汉三个帮。在林则徐的号召下，义仓设立之初便得到了不少地方绅士的捐助，当地绅士韩范遵照其父临终“遇有地方公举，竭力捐助”的遗命，将其父所留约 67 万平方米田地捐给义仓。自那以后，捐田者蔚然成风，丰备义仓有了更多田地之后，其规模也是越来越大，存放的粮食自然是越来越多。多亏有这些未雨绸缪的丰厚准备，丰备义仓在日后的荒年赈灾方面发挥了巨大的作用。

丰备义仓旧址是由几座长房屋构成的四合院建筑群，最大的一座长约 60 米，后面连接平江河，以方便水路运输。如今的丰备义仓旧址成为民居，早已没有了昔日的辉煌，也不见了几万石的丰厚粮食储备，其现状不免让人唏嘘伤感。

07 | 平江路 >

一天必游 二天必游 三天必游 四天必游 五天必游

苏州最忆平江路

苏州市姑苏区

地铁 1 号线，2、89 路公交车到相门站下车

全天

免费

“江南好，风景旧曾谙。日出江花红胜火，春来江水绿如蓝。能不忆江南？”

每每读到白居易的这首诗，眼前就不断浮现出平江路的模样，读得越是动情，画面越是真切。努力在大脑里搜寻一遍曾经在苏州留下过的足迹，发现最忆的还是平江路。平江路究竟有着怎样的魅力，竟能让我这个走遍大江南北的旅人时常无端想起？

从历史层面来说，平江路确实值得大书特书。平江路古名“十泉里”，是中国十大历史文化街区之一。2 500 多年来，有多少朝代更迭，有多少人事浮沉，又有多少花开花落……但苏州古城城址却没有变，基本延续了唐宋以来的城坊格局，如今你所踏足的，就是古城的模样，这不得不说是中国古代城市的活化石。暂且先抛开文化历史这些深层次的要素，其实平江路最迷人之处在于生活休闲两不误，很好地平衡了当地人的生活与旅者追求闲适从容的需求。

平江路全长1 600米，宽大约20米。这里的民居粉墙黛瓦，枕水而居，一扇扇窗或开或合，真想透过一扇扇窗读懂古城的历史过往和风花雪月。主路的两侧又伸出无数条充满历史感的小巷，诸如狮林寺巷、传芳巷、东花桥巷、大儒巷、钮家巷等。这些巷子和平江路一样，清一色石板路，尤其是下雨天踩上去，意境那叫一个美……让人忍不住想要吟诵戴望舒的《雨巷》，若是能逢上一个丁香一样的姑娘，一起划划小船听听小曲喝喝清茶，岂不惬意万分？

平江路是精致婉约的，小桥流水人家就是最真实的场景。漫步在这儿，你会和不少当地人不期而遇：他们或是在河边的石凳上懒洋洋地晒着太阳；或是在河边捶打着衣裳；或是背着双手慢慢悠悠地在青石板上踱步；或是驾着小船顺流而下，留下一串欸乃声；或是窝在窗前读一份发黄的报纸；抑或是在某棵大树底下吹拉弹唱，那声音兴许不够响亮，却足以长久荡漾在你的心间……

平江路同时也是清新文艺的！漫无目的地在这里闲逛，你会发现四周都被小资情调萦绕着，我不知道这种氛围能否打动你的心，但我是完全没有抵抗力，所以早早就竖起了白旗。这种调性的营造来自于各种精致有趣的小店，这些店面或临街而设，或隐藏在某个僻静小巷，但无论藏身在哪儿，它都有让你想要进去浪费一段美好时光的冲动。也许是一本质感满满的书籍，也许是一张旧旧的明信片，也许是一杯飘香的咖啡，也许是一页怀旧的书签……总有那么三五家小店会在留住你脚步的同时，再留住你的心！

突然想起经典电影《卡萨布兰卡》的一句台词：世界上有那么多的城镇，城镇中有那么多的酒馆，她却偏偏走进了我的酒馆。我想说的是，苏州有那么多有趣又惊艳的街巷，但偏偏是平江路走进了我内心深处，而且喜欢它的理由不用多，一个就够！

老苏州酸奶
酸梅汤
各式饮料

08 | 桃花源记（平江店）>

舌尖上的桃花源

自从陶渊明写了《桃花源记》之后，桃花源就成了世间美好的象征，甚至一提到桃花源，仿佛眼前就变得明媚起来。在苏州就有这么一家名叫“桃花源记”的小店，只要一想起他们家的美食，每天都是芳草鲜美、落英缤纷的美感，瞬间世界都变得柔软起来。

桃花源记的店面就开在清新文艺的平江路上，沿着河走你就能遇到它，万一不小心走错了也没事，朝着人多的地方走就是。温馨提醒一下，一旦你来晚了，只好委屈你稍微等等，毕竟桃花源记生意太火爆，前来用餐的人实在是太热情，小小的店面经常是爆满的状态。所以为了第一时间品尝到桃源味道，大步流星还是极有必要的。

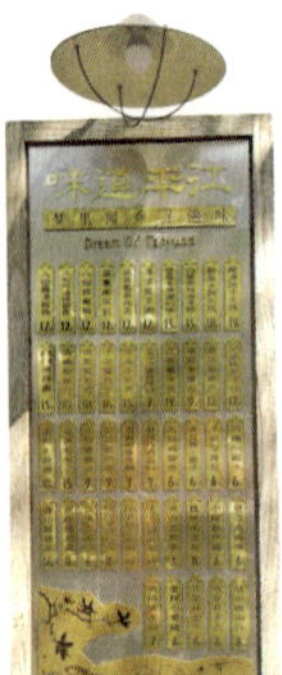

远远走来，只见门口的广告箱格外醒目，白底圆罩上一只梅花鹿蹬着蹄子抬头望向空中，鹿角上开着数枝花，好一个“梦里闻香寻滋味”的形象表达，这和“踏花归去马蹄香”有着异曲同工之妙。走入店里又是一番自然景象，一大把狗尾巴草竟然在这里活色生香、四处招摇，每当风一吹，清新的草香就随着风去的方向四处蔓延。闻久了居然还有点醉意，难道闻久了这狗尾巴草还能让人醉？再细细嗅来，这才发现旁边摆了一排用灰罐盛着的酒，上面还覆盖着火红的头盖，且让我数数看有多少种酒，青梅酒、桑葚酒、黑糯米酒、五味酒……忍不住

🏠 苏州市姑苏区平江路115号
☎ 18112702373
🕒 10:00—21:00

想要每一样都来一壶，可惜我并非有酒量之人，也只能闻闻香过过瘾罢了。

店里店外都有桌椅，尽管店里靠窗位置也能看到外面的风景，但我还是更钟情外面的桌椅，有时候与其看风景，不如让自己也成为风景来得更有趣些。更何况春有百花香，夏有清风吹，秋有明月当空照，冬有暖阳温人心，置身其中何乐而不为?

叫一声店小二上菜呢，随即鸡汤八仙馄饨、赤豆圆子、酸菜土鸡米线、面拖排骨在桌前一字摆开，味道喷香着实诱惑……先甭管能否吃完，大不了“吃不了兜着走”嘛！作为一个负责任的吃货，真实的点评是必要的。鸡汤八仙馄饨味道很鲜，肉馅鲜甜，皮的厚度也适中，汤里还有干丝，美味！赤豆圆子融合了赤豆的清香、桂花的浓香，还有圆子的糯香，香甜得恰到好处！酸菜土鸡米线是软滑黏密的，但汤却是清爽的，一口软滑一口清爽，简直就是一个夏天一个秋天的味道。面拖排骨则有着酥脆的面皮，轻轻咬一口，那飘香的汤汁四处流动……吃饭吃出花痴样，我想我应该是真醉了，所以别问我桃花源记味道如何，看看我那舞动着的舌尖你就有答案了。

寻找白居易和苏州的前世今生

扬州驿里梦苏州，梦到花桥水阁头。觉后不知冯侍御，此中昨夜共谁游。

走进苏州园林的世界

有时候经常在想，苏州和白居易简直就是天造地设的“一对”，说不清到底是苏州的吴侬软语、花红柳绿、莺歌燕舞打开了诗人的“封印”，让其文如泉涌；还是说诗人妙笔生花，让苏州有了更为温润绮丽的独特美。我想苏州和白居易应该是相互成就的。苏州让诗人有了更多诗文灵感；反过来，诗人让苏州更富有气质，正是所谓“腹有诗书气自华”。

且看苏州是如何影响我们名垂千古的大诗人，有他本人诗歌作证：“忆在苏州日，常语夏至筵。粽香筒竹嫩，炙脆子鹅鲜。水国多台榭，吴风尚管弦。每家皆有酒，无处不过船……”人在洛阳心在苏州，那也没有办法，谁让苏州本身就是一幅画一首诗呢！这条线路以白居易和苏州的渊源为主轴，沿途穿插了精致的留园、清净的戒幢律寺、玉涵堂、唐少傅白公祠以及山塘昆曲馆，最后停靠点当仁不让是七里山塘，这可是白居易作为苏州刺史时留给苏州的“大礼”。

如果你也是一个历史文学爱好者，那么更不应该错过这趟旅程，你想要寻觅的江南一梦不在别处，就在这儿！

留园

七里山塘

起始地：

留园

路线：

留园（游）—戒幢律寺（游）—唐少傅白公祠（游）—山塘昆曲馆（游）—玉涵堂（游）—七里山塘（游）

终点：

七里山塘

01 | 留园 >

二天必游 三天必游 四天必游 五天必游

中国最美古典园林之一

中国的古典园林看苏州，苏州的园林中又最喜留园！是的，在逛了无数个园林之后，我最终还是把留园排在了第一位。且先不说其他的，留园的“留”字就迷住了我，明明只是一个园子，却因这个字变得鲜活起来……可以说，还未踏足，对留园就已经有了先入为主的流连忘返之意。

留园位于阊门外留园路338号，与苏州拙政园、北京颐和园、承德避暑山庄并称中国四大名园。如果说拙政园胜在宏大精美，狮子林胜在巧妙的假山群，那么留园妙就妙在精巧的布局，咫尺之内再造乾坤绝不是夸张说辞，而是对其最真实的写照。在能工巧匠的安排下，你尽可以“不出城郭而获山林之趣”。

留园面积虽然不大，但却集住宅、祠堂、家庵、园林于一身。整个园林大致分为中、东、西、北四个部分，每个部分各有千秋，绝不雷同。中部以湖光山色为主，山明水秀、郁郁葱葱。东部以建筑为主，诸如佳晴喜雨快雪之厅、林泉耆硕之馆、还我读书处等数十处精致建筑，所有建筑被回廊连接着，迂回曲折，引人入胜。西部是全园最高处，僻静是这里的主调，土石堆砌随意自然，到处都弥漫着浓郁的山林野趣。北部则筑有竹篱小屋，扑面而来的是清新的田园气息。试想一下，

苏州市姑苏区阊门外留园路338号

游1、游3、游5、7、33、44路等公交车均可到达

7:30—17:00

淡季45元，旺季55元

你可以在一日之内、一园之中尽情饱览庭院、山水、山林、田园四种不同风格的美，这是何等惬意、何等幸福的事情！

当你来到留园门口，诗情画意的氛围就已经款款向你走来。粉墙黛瓦的门前是烫金的“留园”两个字。白墙两侧分别陈设着松萝盆景，两棵松萝不约而同地将秀雅的一面呈现在大门入口处，像是在迎接远道而来的游人。还没有进入，我已为这雅致的对称美深深折服。一进大门，先是一个迎客的前厅，紧接着是两道高墙夹峙而成的狭长逼仄的走道，正当你疑问重重的时候，前方突然又变得豁然开朗起来……不过短短几分钟的路程，走得却是一波三折，颇有“山重水复疑无路，柳暗花明又一村”的意境。

整个留园，无论从哪个角度欣赏，你都能看到各种空间变化：或许是大与小；或许是高与低；或许是明与暗；或许是藏与露……四个部分均以墙相隔，又以廊连接，像藕断丝连的感情，又像形散神聚的散文……走在这儿，你不得不从心里佩服那些能工巧匠，竟然能在这咫尺之间造出如此多的空间变化和美景！

02 戒幢律寺 >

感受寺庙园林之美

苏州的园林何其多？苏州的寺庙又何曾少？但像戒幢律寺这样，既包含寺庙之仪轨，又不失园林之雅致的寺庙园林却不多。

戒幢律寺全称西园戒幢律寺，坐落在苏州城西阊门外，它与寒山寺、灵岩寺并称苏州三大寺。西园戒幢律寺创建于元朝，本名归源寺，明嘉靖年间已经衰落，成为太仆徐氏的私宅，名西园，后徐氏舍园为寺，称复古归元寺。后来又经过多番变动之后，最终由广慧和尚改名为西园戒幢律寺。

戒幢律寺往东走是大名鼎鼎的留园；往西走是留下了“夜半钟声到客船”的寒山寺；往北去是幽雅的虎丘；往南去则是阊门运河，地理位置可谓得天独厚。相对于其他几个邻居来说，戒幢律寺更显安静从容。

寺庙的主体建筑都沿着南北向的中轴线分布，来到寺庙，你会率先看到一个红灰相间的御赐牌楼，上面写着“敕赐西园戒幢律寺”。往上看，你还会看到一个银质牌匾，书写着“震国戒幢”，这4个字可是清光绪皇帝御赐的。真想不到，戒幢律寺竟然是个卧虎藏龙之地！

穿过御赐牌楼往北走就是山门，寺庙入口就在这里。慢慢悠悠地走着，不知不觉来到了大雄宝殿。宝殿门口有两棵高大茂盛的银杏树，正值盛夏，叶片绿得可以掐出水来，这绿和建筑的红相互映衬，给人无尽美感。这里的大雄宝殿为清代建筑，供奉着三尊大佛，正中是释迦牟尼佛，东边为药师佛，西边是阿弥陀佛。在释迦牟尼佛左右侍立着迦叶和阿难两大弟子。

苏州市姑苏区阊门外留园路西园弄18号
6、10、11、17、40、游1、游3路公交车在西园站下
7:30—17:30
25元

在我看来，戒幢律寺最值得一看的有两处：一是寺内大殿西侧的五百罗汉堂；二是放生池中的珍稀物种——斑鳖。五百罗汉堂规模宏大，以四大名山塑座为中心，沿四壁排列泥塑全身五百罗汉像，神态各异，莫不生动逼真，尤其是疯僧济公的塑像简直活灵活现，看了不禁让人拍案叫绝。放生池中有一只活了400多年的明代斑鳖。众所周知，斑鳖是珍稀动物，放眼世界范围内，数量屈指可数，然而戒幢律寺就有两只，可惜其中一只在2007年仙逝，另外一只从此郁郁寡欢，脾气还越来越倔，坚决拒绝人为的“相亲配种”，如此看来斑鳖也是一往情深的物种呢。除了五百罗汉堂和斑鳖之外，戒幢律寺还有不少值得驻足的地方，你尽管放慢脚步，慢慢闲逛，慢慢欣赏就是！

03 | 唐少傅白公祠 >

在这里读懂白居易济世善身的大胸怀

白居易是大唐诗人人尽皆知，然而白居易还是一位勤政爱民的“父母官”，这个有多少人知晓？我承认，在来江浙一带之前，我也不知道乐天先生竟然还有这些人人称颂的伟大事迹。苏州人为了纪念这位伟大的诗人兼“父母官”，就在白居易亲自开凿疏浚的七里山塘街建造了一座唐少傅白公祠，以供后人瞻仰。

这是一幢仿古建筑，粉墙、黛瓦、绿树一样不落，古朴雅致扑面而来。走近了就能看到门楣上挂着的匾额，上面写着“唐少傅白公祠”，匾额除了白底黑字外，并无其他繁复装饰，只有简约之美。

迈过门槛，走入祠堂四下张望，你会看到眼前是四合院的格局。建筑的正中是一座祭殿，祭殿前面是白居易青铜雕像。只见这位大诗人左手摸着胡须，右手握着诗书，双眼炯炯有神地望着山塘街的方向。如果白居易泉下有知，看到今日的七里山塘街竟是如此繁华热闹，是否会仰天大笑并赋诗一首呢？

走过青铜像，就来到了祭殿面前，别着急进殿，先细细品读一番门前的对联吧。上联“五水汇阊门，千年仍咏江南好”；下联“一堤连虎阜，百姓犹思白傅贤”。这副对联简明扼要地概括了白居易任苏州刺史时的佳绩，那就是开凿山塘河，解决苏州古城西北面的水陆交通及水旱灾害。

读懂了这副对联之后，接着继续往里走。室内有一方青灰案台，上面供奉着白居易的汉白玉胸像。石像后面有一面屏风，屏风上有一幅连环画，名叫《白居易为民修山塘》，连环画生动形象地再现了昔日白居易为民造福的场景。

步伐往后退几步吧，再耐心看看眼前的祭殿。往上看有一块“济世善身”的匾额，该题词是当代著名记者范敬宜先生书写。“济世善身”出自《孟子·尽心上》：“穷则独善其身，达则兼济天下。”想来也只有这句话可以高度概括白居易光辉的一生。白公祠并不大，逛一圈下来也用不了多长时间，但白居易和苏州的情谊却历久弥新。虽然白居易早已仙去，但七里山塘街和他的诗歌一样，依旧活色生香。

苏州市姑苏区山塘街 18 号白居易纪念苑内
地铁 2 号线山塘街站下步行约 600 米
09:30—11:30，13:30—16:30
免费

04 山塘昆曲馆 >

二天必游 三天必游 四天必游 五天必游

世间最温柔的刀

苏州市姑苏区山塘街通贵桥下塘 45 号

地铁 2 号线山塘街站下步行约 150 米

0512-65313936

8:30—22:00

100 元

对于昆曲的印象，来自于《牡丹亭》中的唯美爱情，来自于《长生殿》中的无奈，来自于《桃花扇》中的悲欢离合。那美到骨子里的唱词和唱腔像一根千年古藤，牢牢地拴住了我。

如果说世间最烈的酒是热恋之酒，那么世间最温柔的刀便是昆曲，一曲下去说不尽的柔美婉转，直让人沉醉不醒。昆曲妙就妙在糅合了唱念做打，又以唱腔华丽婉转、念白儒雅、表演细腻、舞蹈飘逸、舞台唯美等胜出，难怪被誉为“百戏之祖”。

昆曲发源于元朝末期苏州昆山一带，一开始只流行于苏州一带，自明朝起便以苏州为中心扩展到长江以南和钱塘江以北各地。如果你想听听这高雅的国粹，山塘昆曲馆无疑会是你最好的选择。

山塘昆曲馆是全国唯一一家每天都有昆曲演出的场所，位于苏州山塘景区北端。当你来到门口时，你会发现伫立在这儿静静欣赏都是种美的享受。牌匾黑底黄字，上面写着“山塘昆曲馆”5个字，字体苍劲有力，飘逸中见风骨。目光由这5个字散开去，落在满墙的爬山虎上，灰色墙壁上爬满绿叶，一动一静、一明一暗，诗情画意不请自来！

走进馆内，清一色的明清建筑风格，着实讲究。别看这里似乎不大，但同时容纳百余名观众是不成问题的。室内环境雅致是不用说了，室外环境也是别有特色。站在昆曲馆门口，向北可眺望山塘河，向西可赏新民桥，隔水可与对岸的松鹤楼相望……当真是“谈笑有鸿儒，往来无白丁”的感觉。每当夜幕降临的时候，山塘河边的红灯笼渐次点亮，粉墙黛瓦的院里便开始了昆曲的演出。不出声不要紧，一出声感觉骨头都快要酥掉，让我舍不得离去，只想在这温柔乡里沉睡不醒！

05 玉涵堂 >

感受温润如玉的情操

苏州市姑苏区阊门外广济路东杨安浜 16 号

地铁 2 号线山塘街站下步行约 200 米

你若问我苏州的私家园林有多少，我估计数不过来。你若问我苏州的名人又有多少，我依旧还是回答不出。我的整体感觉是，在苏州，园林到处都有，名人故居更是扎堆地出现，随便逛逛没准都能遇见。在星罗棋布的名人故居中，吴一鹏的玉涵堂给我留下了极好的印象。

吴一鹏是明弘治六年（1493 年）的进士，官至大学士，出任过南京吏部尚书。这位尚书事亲至孝，事君至忠，为人正直，办事公道，心系民生。吴一鹏晚年回到山塘，慷慨捐田百亩用以创建崇正书院，还出资修建通贵桥，修缮山塘河……故而在百姓心中有着极高的地位。明代学者徐树丕在《识小录》中写道“侃侃吴公，独持大体，宁被罪衍，不敢失礼”，“学行醇正，操守方严，真天下伟人也”。

吴一鹏故居玉涵堂是苏州最大的古建筑群，也是苏州城外唯一一座明代建筑，俗称阁老厅，堂名取“君子于玉比德”之意，以玉石作为为人处世的标准，可见主人情操之高尚。

玉涵堂分为东西两部分，包含了厅、堂、楼、阁、斋等古建形式，保证让你看得眼花缭乱、目不暇接。玉涵堂作为主厅，除了高大敞亮不说，自然还是雕梁画栋华美精致，就连柱础都是雕花青石鼓墩，墙身勒脚处都是波浪纹雕花砖，实在是美轮美奂。难怪著名美籍华裔科学家、诺贝尔物理奖获得者李政道博士在参观完玉涵堂后，极为赞赏，并写下“文物化新，玉涵于堂”的题词。

玉涵堂距离通贵桥并不远，过桥再往南走100多米就是，前面流水潺潺，游船漂荡，殊不知这里在古代可是吴家官船进出的码头呢！逛一圈之后，这才惊觉玉涵堂可不小，到处都有看头，就好比眼前这个崇正学斋吧。这是一幢粉墙黛瓦的建筑，古朴雅致，有趣的是，这里开着一树热闹繁盛的凌霄花，此花攀爬能力极强，丝毫不懂得矜持，在它的装扮下，原本素朴淡雅的书斋也变得愈发迷人。所谓崇正学斋就是传道授业解惑的地方，古人的住所一般都会设书房或学斋，中国古人重视教育与知识的力度可见一斑。

继续往里走，玉涵堂的后花园也是不容错过的去处。这里有一处方亭，亭额上挂着“忆萱亭”的横匾。萱草即忘忧草，是慈母的象征。忆萱亭是吴一鹏怀念母亲之亭，据民间流传，其母为太仓豪绅的收房丫鬟，怀有身孕后被逐出家门，以缝补浆洗为生。吴一鹏感其母养育之艰辛，就在后花园筑亭纪念，从心系百姓到侍奉亲母，吴一鹏都做到了问心无愧，其高尚的情操确实值得大书特书。

06 七里山塘 >

二天必游 三天必游 四天必游 五天必游

白居易留给苏州的礼物

苏州市姑苏区广济路 218 号

地铁 2 号线山塘街站下步行约 350 米

走在苏州的街道，总会情不自禁想到白居易的《忆江南》。描绘江南的诗歌浩如烟海，但我却对这首诗情有独钟，一是朗朗上口，二是直抒胸臆不拖泥带水。曾经，我以为白居易只是一个伟大的诗人，来到江浙一带以后，我才惊觉白居易还是一位伟大的“父母官”。七里山塘街就是白居易留给苏州的礼物，这个礼物着实贵重耐用，一直沿用至今，堪称奇迹！

825 年，唐代大诗人白居易出任苏州刺史。就像疏浚西湖一样，这位大诗人在苏州也开始了他的民生大工程。大诗人为了便利苏州水陆交通，亲率百姓开凿了一条西起虎丘、东至阊门的山塘河。白居易又是疏通山塘河，又是拓展河堤，还兴建了山塘街，因山塘河和山塘街长约七里，所以名叫“七里山塘”。放眼望去，整个街道呈“水陆并行，河街相邻”的格局，堪称“老苏州的缩影、吴文化的窗口”，据说乾隆皇帝六下江南，五次来到这里。

站在桥上看整个七里山塘街，总有种不真实的感觉，感觉穿越到了古代，眼前一片古旧：古老的街道、古老的商铺、古老的水道。如果说你想看看江南是什么样，来这里就对了。这里每家每户都是枕河而居，当真是前街后河。有年代感的木质窗扉或开或合，吱吱呀呀地述说着不为人知的故事，如果谁家要出去办点事，不是坐出租车或开车，而是驾着自家的小船悠然而去。

整条山塘街分为东西两段，东段店铺林立，商贾云集，人山人海。你可以在这儿听听柔美舒缓的评弹和昆曲；也可以唤一声船家带你乘船游览，看两岸的如画风景。相比东段，西段倒是质朴多了。如果说东段是留给游客的繁华热闹温柔乡，西段便是土生土长的苏州人仍然生活着的地方，是真正的小桥流水人家。

当你行至西段时，你会看见这里的民居鳞次栉比，且清一色的粉墙黛瓦前都有长条石阶延伸到河里。紧接着，你会看到水边有妇女在浣洗衣裳，依然用着捶打的古老方式；一会你又会被缕缕炊烟勾住，是谁家的饭菜竟如此香……总之，漫步游走在七里山塘街，无论是东段的繁华绮丽，还是西段的市井日常，都是“君到姑苏见，人家尽枕河”的景象，对于旅行者来说，这一切仿佛都是一场梦。不，确切地说，江南原本就是一个美丽的梦。

10m
P

韵茶莊

因一首诗而火的名胜古迹

一夜之后，江枫桥和寒山寺的名气不胫而走；千年之后，江枫桥和寒山寺的名气依然不减当年……

夕阳下是否也有枫桥夜泊的诗意

人世间有太多有心栽花花不开的懊恼，但也不乏无心插柳柳成荫的佳话。前者的例子数不胜数，暂且不唠叨，至于后者，私以为张继和寒山寺便是千古佳话。很少有别的地方，能像这里一样，因为一个人一首诗而改变了它的气度与命运。这个人叫张继，这首诗叫《枫桥夜泊》，而这座桥就是江枫桥，这座寺庙就是寒山寺……谁能料到，唐天宝元年（742 年）的某个夜晚，一个落魄诗人的低吟，竟能让一座毫不起眼的桥，一座毫不起眼的寺庙成了当之无愧的经典。

说到这里，你应该猜到了，这条线路的精髓便是张继诗歌里所提到的地方，江枫桥和寒山寺，以及以这两个地方为原点延伸出去的抗倭遗址铁铃关、素食餐厅一屋健康·归素等。认真走一趟下来，相信你会受益匪浅。

江枫桥其实只是一座极普通极普通的单孔石拱桥，如今看上去也已沧桑衰老，没有谁可以说清这座桥到底有多久的历史，反正在唐天宝元年之前就已经存在很久很久了；也没有人记得起这座桥的尘封往事，除了唐天宝元年那个夜晚。寒山寺曾是中国十大名寺之一，寺庙和江枫桥离得很近，就隔着一堵墙、一条小石板路而已。

江枫桥

一屋健康 · 归素

起始地：
江枫桥

路线：
江枫桥（游）—寒山寺（游）—寒山别院（游）—铁铃关（游）——屋健康 · 归素（食）

终点：
一屋健康 · 归素

01 江枫桥 >

二天必游 三天必游 四天必游 五天必游

因诗歌闻名天下的古桥

苏州市姑苏区枫桥路附近
44、307、332路公交车大润发何山店站下
全天
免费

我一直觉得自然风光和文人之间有着非常微妙的关系，无论是大好河山，还是小桥流水，只要触发了文人的心弦，文人多半会反复吟诵。反过来说，一旦文人文如泉涌、灵感迸发，那么无论是大好河山，还是小桥流水，哪怕是摇曳在山野中的狗尾巴草，都能成为他们描绘的意象，从此被一代又一代的人争相吟诵！纵观古今，因文人的一首诗而闻名天下的地方实在是不胜枚举，拿苏州来说就有不少，比如江枫桥。

唐天宝元年的某个月夜，一个名叫张继的落魄书生驾着一叶扁舟来到了苏州，舟行水上，夜至古桥，他见江枫桥这个地方前临寺庙后有江河，是个清静之地，恰好身心俱疲，今夜那就泊舟江枫桥吧。张继心中本是思乡心切，怎奈当夜朦胧月色又是那样冷冷地洒在身上，这还不够，夜色中还伴有时断时续的鸟啼声、点点渔火、幽远的钟声……

他再也按捺不住心中的悲情，于是化离情羁思为灵感，挥毫而就《枫桥夜泊》：“月落乌啼霜满天，江枫渔火对愁眠。姑苏城外寒山寺，夜半钟声到客船。”谁曾想到，张继这一笔下去就成了千古名篇。从此，江枫桥这个名不见经传的地方也成了大众争相前往的地方！

江枫桥就在寒山寺旁边，这是一座极其普通的单孔石拱桥，全长 39.6 米，宽 5.27 米，跨度 10 米，恰好处在京杭大运河至苏城要塞处。枫桥整体呈青灰色，一块块长条石在岁月长河的打磨下变得愈发沧桑古老，然而两侧的大树却年年抽着新枝播撒着无尽的清凉。诗人已驾鹤西去，然而诗人停留过的地方依然还在迎来送往……“年年岁岁花相似，岁岁年年人不同”的伤感油然而生。

距离江枫桥不远处有一尊张继的铜卧像，只见张继半躺着，一手枕着石块，一手搭在弯曲的膝盖上，双眼轻轻闭着，依然是若有所思的愁眠状！望着依然忧愁加身的大诗人，我也陷入了沉思：如果张继泉下有知，他的无心之举竟然让这首诗连同他泊舟的地方一起彪炳历史永垂不朽，诗人是否会得到些许慰藉，从而眉头舒展，并会心一笑？

02 寒山寺 >

二天必游 三天必游 四天必游 五天必游

被诗人宠幸的千年古寺

一个地方，但凡和文人骚客发生了情感上的关联，那么这个地方多半会随着诗人的笔墨名满大江南北。放眼全国，这样的地方比比皆是，尤其是山明水秀的江南，其中又以苏州为最，比如说苏州和书生张继。

别看张继一介柔弱书生，那夜趁着月色书写而成的《枫桥夜泊》不但一举成名，还把原本普通的江枫桥和寒山寺同时推上了名胜古迹的宝座。

今天就让我们去看看姑苏城外寒山寺究竟长什么样吧。寒山寺在

苏州市姑苏区寒山寺弄24号
乘游3线、313、6、9、17、21、31、301路公交车何山大桥站下
7:30—17:00
20元

历史上曾是中国十大名寺之一，寺庙位于姑苏区，始建于南朝年间，初名“妙利普明塔院”。

进了山门，你会看到一座仿唐宝塔，这就是普明宝塔，普明宝塔是寒山寺的标志，也是寒山寺的最高点。顺着宝塔往前走是一堵墙，墙壁上写满了名言警句，一路读过去，你就来到了寒山寺入口处。走着走着，大雄宝殿就出现在你眼前。大殿正中供奉的是释迦牟尼佛，两侧沿墙分列着明朝的铁铸十八罗汉金身坐像。有意思的是，释迦牟尼背后东墙上没有供奉菩萨，而是嵌有清代扬州八怪之一罗聘所画的寒山、拾得石刻。寒山与拾得这两个好朋友“状如贫子，又似疯狂”，寒山手指指地，笑口微开；拾得则袒胸笑颜，迎来送往。看着这两人的神态，让人心情大好。

从大雄宝殿出来，往正前方走就是藏经楼，楼宇的屋檐翘角上有一组唐僧师徒西天取经塑像群，这塑像和藏经楼倒是相互辉映，瞬间就让凝固的建筑变得灵动起来，看了让人忍俊不禁。藏经楼南边就是钟楼，来了大名鼎鼎的寒山寺，怎能不去亲眼看看那个点醒了诗人的铜钟？

所谓钟楼就是一座六角形重檐亭阁，两侧有一副对联：“钟声明慧眼，月色照禅心。”沿着旋转木梯上到二楼，你就看到这传说中的铜钟了。这是仿唐式古铜钟，总重量为108吨，钟高8.588米，钟面刻有主体铭文《大乘妙法莲华经》，大钟裙边上铸有9幅精美的飞天图。

自从寒山寺名声大噪后，每年的除夕夜，寒山寺的钟声都会迎来潮水般的中外游客。

和这口钟齐名的还有镌刻着《枫桥夜泊》的诗碑。自从张继写下这首诗之后，许多书法家争相在此地留下墨宝。可惜的是，因年代久远终究没有完全保留下来，眼前这块诗碑由清末著名学者俞樾书写，堪称寒山寺一绝。

寒山寺并不大，你若只是走马观花，兴许一个小时就能逛完，但你若要寻幽探古，细细品味，这就需要花些时间了。不过，历史文化氛围如此浓厚的地方，确实值得慢慢品读！

03 寒山别院 >

五天必游

庭院深深深几许

漫步在苏州，心情一直是轻松愉悦的，在大街上随处走走，耳朵会被柔软的评弹伺候得服服帖帖。转身或许就是一个又一个古典园林，精致得让你惊艳。当然除了这些古典的传统园林外，苏州也不乏一些新建的城市绿地。在寒山寺景区内就有一座秀雅的绿地公园，名字也很别致，唤作寒山别院，顾名思义，就是寒山寺的别院。

寒山别院是一座风雅的中式院落，虽说比不上古典园林那么雅致，但也比较考究，尤其讲究风水。整座别院坐北朝南，严格按照“左青龙，右白虎，前朱雀，后玄武”来布局，取其吉祥如意之意。慢慢走来，细细品味，还真是别有一番趣味。

苏州市姑苏区寒山寺内
步行

当你慢悠悠走进园子时，你会惊喜地发现，脚下竟是一条有趣的卵石路。走在这条小路上，你无须指路人就可以顺利到达各个景点，因为这条逶迤蜿蜒的卵石路就像珍珠串上的绳子，串联着“落月池”“映月亭”“愁眠坡”“寒山桥”“听钟坪”“觅诗廊”等景点。你要做的就是放松心情，尽情观赏游玩。走着走着，你就来到了寒山别院的最高点，这里有座雅致的松茂亭，亭内立着一块由我国革命先驱李大钊书于1919年的《枫桥夜泊》诗碑。除了这座诗碑，别院还有两个“天下第一”值得书写。

一是“天下第一佛钟”，是一口仿唐式的铜钟，钟面主体铭文是一部佛说《大乘妙法莲华经》。大钟六铣口裙边上铸有九幅精美的飞天图。大钟第一次在法会上敲响是为汶川大地震受灾同胞祈福。二是“天下第一诗碑”，大碑石料主体高度为15.855米，总高度为16.9米，总重量为388.188吨。据说碑材取自山东嘉祥县的优质青灰石，最后通过京杭大运河安家苏州。在寒山别院闲逛，满眼都是如画风景，时不时还有寒山寺的雄浑钟声做伴，实在是惬意。

04 | 铁铃关 >

苏州唯一保存较为完好的抗倭关楼遗迹

翻开历史的书页，你会发现，每个城市既有其光荣辉煌的一面，又都有着难以诉说的苦难与血泪。苏州这座精致了数千年的历史文化古城同样也没能幸免，矗立在阊门外水陆要冲地带的铁铃关便是一段悲惨过往的历史见证。

众所周知，关即关隘，指险要的关口，是设立在交通要道上的防务设施，铁铃关便是这样一个军事关隘。铁铃关又称枫桥敌楼，建于明嘉靖三十六年（1557 年），是巡抚御史尚维持为抵御倭寇而建。

明嘉靖年间倭寇为患，这帮人到处流窜，就连以风雅著称的苏州也没有逃过一劫。据记载，自 1554 年起，倭寇烧劫阊门、枫桥一带，一年后，又从浒墅关窜犯枫桥。为了抗击倭寇，苏州军民众志成城，于嘉靖三十六年在枫桥镇西筑关设防，铁铃关即其中之一，与枫桥、

苏州市姑苏区枫桥堍铁铃关（近寒山寺）
33、44、301、307、游 3 路公交车何山桥站下，步行上桥后沿匝道至寒山寺；或 9、10、45、游 3 路公交车来凤桥站下，沿枫桥路步行 10 分钟即到
¥ 25 元

运河组成重要军事防御体系。和铁铃关同时修建的敌楼还有葑门和木渎两处，但这两处都湮灭在了历史烟云中，唯余铁铃关沟通古今。也因此，铁铃关成为苏州唯一保存较为完好的抗倭关楼遗迹。

站在关外仰望，顿觉固若金汤，颇有一夫当关万夫莫开的气势。墙壁在岁月长河的洗礼下早已变得沧桑不已，爬山虎似乎听懂了英雄的无奈，要不怎么铆足了劲攀爬，以至于一整面墙都是醉人的绿色呢？得益于这满眼的郁郁葱葱，还有那一串高高挂起的大红灯笼，古老的铁铃关再次获得新生。

来到铁铃关，自然是要登高远眺，正所谓站得高才能看得远。站在最高点，这才真切看到铁铃关与枫桥相连的盛大景象，而这正是江南古隘的典型特征。放眼望去，只见运河、枫桥、古镇美如画，如此粉墙黛瓦小桥流水人家的美好家园，怎能容忍倭寇破坏呢？感谢眼前的铁铃关，感谢曾经和铁铃关一起浴血奋战、保卫苏州的烈士们，是你们用血肉之躯捍卫了家园，守住了千年古城的美好！

05 一屋健康 · 归素 >

在归素吃出健康来

私以为吃也是分等级的，初级阶段以饱腹为目的；发展阶段开始追求味道；进阶阶段则开始挑剔起来，不仅要好吃，还要有形式美感，也就是常说的秀色可餐；继续上升则是开始返璞归真，更在意是否健康、是否养生……以上总结来自于一个既随性又挑剔的吃货，吃遍了大江南北，总得有点心得才是。

如今人们的物质生活水准普遍提高，大鱼大肉都是餐桌上的标配，但是吃多了难免也会腻，如何才能吃得既养眼又养身，这真是个大众难题，好在素食餐厅给出了更多选择。如果你在苏州闲逛，又恰好在寒山寺附近溜达，不妨去一屋健康 · 归素素食餐厅体验一把。

一屋健康 · 归素素食餐厅藏身在寒山寺附近的小巷子里，你可能得费点劲才能找到它。向来美食如同佳人一般，总得寻寻觅觅、左等右等才能获得佳人回眸一笑，不是吗？美食也是如此，既然好这口，就得充满耐心，执着寻觅，痴情等待。从寒山寺出来左转，看到一条安静的小巷子后，再继续左转，当你看到佛教图书馆时，恭喜你，终于抵达了一屋健康·归素餐厅。

放眼望去，一屋健康·归素餐厅店面并不大，布置得简约文艺，古色古香。屋里有书架，陈列着不少书籍和小饰品，正中间还有一个类似屏风的架子，这个架子的设计非常有意思，像是一片片青灰砖瓦，简约大方。整个架子放在这个位置，既达到了隔离的效果，又延伸了视觉美感，堪称画龙点睛之笔。

挑一个安静的角落坐下，点好菜，然后在雅致古琴的陪伴下耐心等待美食的出锅。香松凤梨饭、荠菜馄饨、素肉夹馍、冰镇百香果汁各来一份！香松凤梨饭外形精美，上面点缀着胡萝卜、黄瓜和凤梨，闻起来既有素肉松的香，又不乏凤梨的酸甜，闻着香味我早已馋得不行，赶紧大快朵颐才是正确的打开方式，三口两口下肚，酸酸甜甜，很有春暖花开的味道。

荠菜馄饨也是比较令人惊艳的一道菜，馅料以荠菜为主，再辅之以菌菇香油，鲜味十足。至于素肉夹馍，那也是可圈可点，馅料是番茄和炒香菇，馍的口感也不错，比较软。最后，再来一杯冰镇百香果汁，简直要甜到心坎儿去。看来在一屋健康·归素餐厅不仅能吃饭，还能修身养性，实在是美哉！

苏州市姑苏区金阊街道枫桥大街11号（寒山寺佛教图书馆）
步行
9:00—19:00
¥25元

感受苏州的古老与时尚

这其中让老苏州人如数家珍的名优店铺也是多如牛毛，从观前街东的醋坊桥一路看来，真是令人目不暇接。

昔日繁华今仍在

“沉舟侧畔千帆过，病树前头万木春”，旧事物和新现象永远是相伴相生的，尤其是在城市的发展进程中。但旧事物不一定要淡出历史舞台，新现象也不一定要取代旧风景，当一座城市既留有过去的气息，又能走在时代前沿时，它的历史才更连贯，它的气质也更加优雅从容……如果你想感受苏州城的古老与时尚，那么观前街会是非常不错的选择。游走在观前街一带，一半是古色古香的历史人文气息，一半是时尚潮流的现代气息，你会频繁生出时空交错的迷离感，甚至发出岁月静好的感慨。

观前街就在苏州古城的中心地段，因地处玄妙观前方而得名。这段路程以观前街为主，从观前街一直走到苏州名士张献翼的故居——文起堂。150 年前，区位优势明显的观前街就已经形成了十里繁华的商业景象。作为苏州古城最繁华的商业街，观前街自然而然地云集了各式各样的名店名品，不胜枚举的商铺洋行挤破脑袋也想在此占得一席之地。今日的观前街，别的先不说，光是百年老字号就占据了整条街的半壁江山，无一店不是浓浓的江南风，无一店不是苏州人内心深处的美好回忆，放眼望去，真是蔚为大观。

人也好，城市也罢，都需要迈步朝前走；但无论人也好，城市也罢，都需要过往记忆。向前走保证了生机与活力；历史感则提供了底蕴和故事，一个是手心一个是手背，一个都不能少……还等什么，出发吧，去观前街走走吧！

观前街

转角遇到猫

起始地：
观前街

路线：
观前街（游）—玄妙观（游）—陆稿荐（购）—六星海南鸡饭（食）—叶受和（食）—采芝斋（购）—光裕书厅（游）—文起堂（游）—品芳茶社（食）—猫的天空之城概念书店（游）—转角遇到猫（食）

终点：
转角遇到猫

01 | 观前街 >

五天必游

不去观前街，白逛苏州城

在苏州，你若想寻幽探古，感受文人雅兴，那你得去逛逛拙政园、留园、沧浪亭、狮子林等各式各样的园林；你若想听听小曲，品味吴侬软语，那你得去光裕书厅、山塘昆曲馆、昆曲博物馆，但你若只是想纯粹逛逛街购购物，那观前街是必然要去的。正如去了北京你得逛逛长城，不到长城非好汉一样，去了苏州不逛观前街，那真是白逛苏州城了。

所谓观前街便是在道观前面的街道，这是一条集历史人文气息和商业气息于一体的步行街。苏州人似乎对街道命名比较随意，也挺热衷某某前某某后。比如说宝林寺前，其实就是宝林寺周边的一条小巷，诸如此类的街巷名字还很多。这点和上海倒是挺相似，上海有的路名干脆用的是省份名，比如湖南路。一贯以雅致立身的苏州在给街道取

苏州市姑苏区

50、55、112、178、202路等公交车均可到达

9:00—21:00

名时如此随意，我还真没想到，或许这就是苏州人藏愚守拙的表现吧。

观前街毗邻的这座道观叫作玄妙观，是一座有着 1 300 年历史的恢宏道教建筑群，环抱出了一片小广场，正山门前宫巷口矗立着一座石牌坊，高大威严的三清殿静静矗立在四周的高楼之间……一半是浓郁的古典气息，一半是浓厚的现代气息，置身在这两种氛围中，你并不会觉得突兀，反而生出岁月静好的美感。

玄妙观南面正山门前的长街就是大名鼎鼎的观前街，此街道东起醋坊桥，西至察院场，连同小公园附近。漫步在这条繁华热闹的步行街，有时候会有穿越的感觉，因为这条街很古老，却又很新潮，看似矛盾实则又很和谐。这条步行街很有意思，古老的方面除了有玄妙观外，还有满大街的古色古香的老字号，数都数不过来。耳熟能详的美食有陆稿荐的酱鸭、酱肉、酱蹄筋，采芝斋的粽子糖、苏式瓜子，叶受和的宁式糕点，松鹤楼的卤鸭面、阳春面……

如果说古色古香是观前街的里子，那么新潮时尚便是观前街的面子。你既能在这里大吃一顿时尚快餐——肯德基、麦当劳，又能在这里看到高科技的苹果体验店，还有各种各样的品牌店逛到你脚软。既然是逛街，自然少不了夜市小吃，不胡吃海喝一番都对不起卖力的双腿。每当夜幕降临的时候，华灯初上，观前街更是人头攒动、人山人海，耳朵里充斥的都是劲爆的音乐和软软的吆喝，鼻子里充满了各式各样的香味……放眼望去，好一幅十里繁华的姑苏夜游图！

橘子国花园
江新城 榜样社区 | 热线: 67226088
广告招租: 13004510135
BAOSHI MEDIA
宝狮传媒
招商热线
13004510135
食品商場
FOOD CENTRE
觀前街
通灵
麦当劳

好人民間小吃
TESIRO 通灵

02 玄妙观 >

中隐隐于市的道观

三天必游 四天必游 五天必游

苏州的宗教信仰也是呈百花齐放的状态，纵观整个苏州城，佛家寺庙有之，天主教堂有之，城隍庙有之……不过，若是论及香火最旺，还得数道教的玄妙观。玄妙观坐落在市中心，就在繁华的观前街上。你可能不知道，观前街的街名就是由玄妙观而来，简单说就是玄妙观前面的一条街，雅致的苏州人在给街道命名时虽说没那么文绉绉，但好在明确交代了地点，从而增强了辨识度，走的是实用路线。

玄妙观创建于西晋咸宁二年（276 年），迄今已有 1 700 余年的历史。清代为避康熙帝玄烨之讳，一度改“玄”为“元”或“圆”，称“圆妙观”。如此看来，玄妙观的发展历程也是一波三折，光是道观名字就如此反反复复。

那么这家道观香火究竟有多旺呢？据说玄妙观鼎盛时期竟有殿宇 30 余座，是当时全国最大的道观，那景象真是蔚为大观，可惜如今的

苏州市姑苏区观前街 94 号
游 1 东线公交车玄妙观站下车，或 2 线、1、101、38 路等公交车观前街站下车
7:30—16:45
10 元

遗存只是昔日的冰山一角罢了。现有山门、三清殿等，三清殿重建于南宋时期，是道观的主殿，这里殿柱排列，纵横成行，内外一致，共有 7 列，每列 10 柱，俗称“满堂柱”。

其实，玄妙观的副殿即弥罗宝阁也是值得细细品味的，但不幸的是，民国元年（1912 年）一场突如其来的大火将这建筑奇迹烧毁了。此事发生当天就被叶圣陶记录在日记中：“入夜，红光烛天，人声喧沓，开门而望之，在余家西北面，继而锣声四应矣。后知烧去者为观里弥罗宝阁。此阁年代极古，工程至钜且精。偌大建筑物付之一炬，殊可惜，且守者止一二人，石柱坚墙何致起火？即着火亦何致全毁？”

或许你还不知道，历史上的玄妙观既是全国著名的道观，又是有名的传统集市。从清代开始，沿玄妙观一带摆摊的人便络绎不绝，诸如文玩字画、江湖杂耍、地方特色小吃、花鸟鱼虫等应有尽有，着实热闹。现如今玄妙观一带更是升级为商业步行街，其热闹程度相比过去，是有过之而无不及。

有时候经常在想，清静无为的道观和熙熙攘攘的步行街“厮混”在一起，是不是不太妥，但转念一想又觉得并无不妥，正所谓大隐隐于朝，中隐隐于市，小隐隐于野……玄妙观就是中隐隐于市的象征，任你人来人往，我自清心寡欲、了无挂碍……

03 陆稿荐 >

五天必游

酱肉中的“米其林”

作为一个有着几千年悠久历史的文化古城，苏州自然少不了各种老字号，就连肉铺也不例外。这其中，陆稿荐是个闪亮的存在。和许多老字号一样，陆稿荐也扎根在观前街，从观前街东的醋坊桥慢慢走来，迎接你的第一家门面就是苏州百年老店陆稿荐。

关于陆稿荐，《醇华馆饮食脞志》有所记载：“苏州从前有陆蹄、赵鸭、方羊肉之称。陆蹄谓陆稿荐之酱蹄。熟肉店以陆稿荐、三珍斋两家最为驰名。其出品以酱鸭、莲蓬蹄为上，酱蹄筋、酱肉次之。熟肉之最佳者，莫如观东之者陆稿荐。”

陆稿荐专营生熟肉，在苏州的口碑那是口口相传，好评如潮。对于陆稿荐如此受欢迎，我倒是一点都不惊讶，因为自它诞生之日起，陆稿荐就格外重视质量把控。众所周知，食材的优劣在很大程度上决

苏州市姑苏区观前街8号（近长发商厦）
步行
13706212363
8:30—18:00

定了一道美食的成败，陆稿荐深谙此理。这里的猪肉以湖猪、常州洛猪为主，这两处的猪肉皮细而薄，肥瘦均匀，适合烧制熟肉。至于鸭子，必定得是 4 ~ 5 斤重的娄门大麻鸭，用此鸭烧制出来的酱鸭肥嫩而味美……如此看来，一家肉铺能成为百年老店屹立不倒，陆稿荐的辉煌不是没有理由的，从其对原料的挑剔来看，成功也是水到渠成的事。

陆稿荐除了在原料上乐于下苦功夫之外，还非常注重配料的运用，为此还请烧肉名师张寿根专门研制酱鸭、酱肉、酱汁肉、猪头肉等配料方法。名师就是名师，一出手就知有没有。张师傅烧出的酱肉不仅皮薄，而且颜色饱满有光泽。待你切上几片慢慢嚼几口，你便会贪恋这满嘴的香酥。这感觉妙极了，唯有亲自品尝方能领会。酱汁肉也是人人称颂！酱汁肉专用肥瘦均匀的条肉，再切成小方块，最后再加红曲、砂糖、香料等，其色红似樱桃，其味甜而不腻，入口即化。真可谓是：“一口酱汁肉，赛过活神仙！”

除了酱肉、酱汁肉外，这里的酱鸭也是明星产品，如果错过那就真是过错了。酱鸭制作好后，再用红曲和冰糖特制的卤汁涂抹在外皮上，这样的酱鸭皮红带甜，肥嫩可口，简直就是色香味俱全的佳品，唯有大快朵颐才能不辜负它的存在。

作为一家传承百年的老店，其历史传说自然是少不了的，陆稿荐的店名就大有来头。所谓稿荐，就是稻草或麦秸编成的垫子，旧时用来做床垫、坐垫。相传某年 4 月 14 日“轧神仙”前夕，有个乞丐来到肉店求宿，身背一条破草荐、手捧两只叠在一起的旧陶钵。陆老板见状心生怜悯，于是就请乞丐在灶门空地上住了一晚。乞丐走进肉铺，把草荐铺在地上，两只陶钵合叠当枕，一会儿就睡着了。第二天肉铺一开门，乞丐已不知去向，等到烧火工烧肉时才发现灶前有条破草荐，于是随手撕碎往灶膛一塞。不料一阵异香散发开来，店里人都惊呼“香得来，香得来”。陆老板百思不得其解，那乞丐莫非是仙人，两只叠在一起的旧陶钵莫非是“吕”字？陆老板灵光一闪，干脆将店名改为“陆稿荐”，还将仙人化身乞丐借宿留草荐的事渲染传播。这样一来，陆稿荐常常是门庭若市，生意红红火火。

04 六星海南鸡饭 >

老板，再来一份海南鸡饭

听说苏州有一家餐厅专做海南鸡饭，不仅海南鸡饭做得好吃，小店也是活泼可爱。对于一个以吃货自居的人来说，这无异于爆炸新闻，哪儿还能淡定下来，恨不得肋下生双翼，赶紧飞过去狼吞虎咽才是。

这家店还有个霸气的名字——六星海南鸡饭，冲着这“六星”我也得快马加鞭才是。餐厅倒是不大，就在熙熙攘攘的观前街上，跟着导航很容易就能找到它的藏身之处。餐厅门面装修很简单，窗边有块招牌，上面写着：“没错，这就是传说中的海南鸡饭。你们放心叫鸡，我们放心做鸡。鸡是正经鸡，做鸡我们是认真的。”看了看这个招牌，再看看门口这几只栩栩如生的公鸡，有种冷幽默的感觉。

走进店里，被刷成橘色的墙壁率先映入眼帘，一整墙的橘色啊，满满当当都是温暖，让人想起压弯了枝头的橘子大丰收，更让人生出

苏州市姑苏区观前街蔡汇河头 72-82 号（1988 网咖向东 20 米，吴商会馆旁）
0512-67575216，18694901213
夜市 16:30—21:30，午市 11:00—14:00
人均价格：48 元

沐浴在阳光下的美好感觉。墙壁上还挂着若干块小黑板，上面用铅笔画着有趣的绘画，看了不禁让人会心一笑。

点好餐之后，沿着橘色墙壁来到二楼等候区坐等传说中的海南鸡饭。从座位上看过去，只见一只白色母鸡站在草坪上，正注视着食客们，角落里还有只小雏鸡怯生生地回望着！在鸡的眼皮底下吃鸡，这样吃饭还真是罪过。

很快饭菜就上齐了，海南鸡和鸡油饭一个都不能少啊。看看这油光乍现的鸡肉，口水都流了一地。随着海南鸡一起上来的，还有两种酱，辣椒酱和葱姜酱，一红一绿煞是好看。夹上一块蘸蘸酱汁，再慢慢送至嘴边，轻轻咬上一口回味一番，又嫩又香，汤汁也很入味。紧接着便是狼吞虎咽，在美食面前可不能太过矜持，否则都被同伴抢光了。

海南鸡味道不错，鸡油饭自然也不赖。香是对鸡油饭的第一印象，从出炉一直香到餐桌上。然后就是实在，满满的一碗，垒得高高的，有点不知如何下手。不过，作为一个吃遍天下无敌手的人来说，这并不是难事。用鸡汤煮出来的米饭味道就是好，关键还不油腻，三两勺下肚，很快一整碗鸡油饭就被我消灭光了。尽管肚子已经吃得滚圆，嘴巴还是在四处寻觅，一副明显没有过足瘾的样子。只恨肚量太小，要不还想呼唤老板再来一碗呢！

海南鸡饭起源于海南省文昌市，尽管出生在海南，但发扬光大却在新加坡及其他东南亚国家，这是幸运，还是不幸呢？作为一个负责任的吃货，每当遇见一道心仪的美食，不仅要去品尝，更想知道这道美食是如何制作出来的。海南鸡饭的原料是鸡和大米，做法有多种，简单易操作的方法便是先在热锅中下鸡油和蒜蓉爆香，紧接着倒入洗干净控干的大米进行翻炒，最后加鸡汤调匀，加盖煮熟便可以出锅了。

05 叶受和 >

因赌气而成的小确幸

叶受和也是苏州的老字号，尤其在老一辈人心中，那地位如泰山一般稳固。叶受和是一家茶食店，专营各种富有传统特色的糕点茶食。当你慢悠悠逛到观前街时，不用刻意去寻觅，转着转着没准就和它来个浪漫邂逅了。

对于一家致力于糕点茶食的老字号来说，从来不缺一类群体的厚爱，那就是女性群体，且无论长幼。何以见得？看看叶受和的招牌点心便知：松子枣泥麻饼、小方糕、云片糕、四色片糕（玫瑰、杏仁、松花、苔菜）、婴儿代乳糕等。可能是自小喜欢玫瑰的缘故，我对于玫瑰片糕真是偏爱得多，打开包装，一股淡淡的玫瑰香味缓缓进入鼻中，轻轻咬上一口，口齿都留着淡淡的香，那感觉就如初恋般美好！

当然，如果你足够幸运的话，还能撞见刚刚出炉的豆沙青团呢！豆沙青团，顾名思义就是豆沙馅的团子喽。外观绿油油的，甚是清新可人，看着就食欲大增。贪婪地咬上几口，口感细腻软糯，叫人回味无穷，当真体会到了苏东坡“日啖荔枝三百颗，不辞长作岭南人”时

苏州市姑苏区观前街 69 号
202、204、923、529 路公交车都可到达
0512-67709603
8:30—9:00

的兴奋了。看来，在美食面前，大人物和我等一介凡夫都有着同样的感受。

说来也很有趣，别看叶受和经营的是甜蜜事业，可它的诞生却没有那么甜蜜。清光绪年间，有个叫叶鸿年的浙江富绅来到了苏州，他听说稻香村的甜食不错，于是一口气买了十几个茶食，由于稻香村的生意实在太好了，叶鸿年等了半天，伙计都没有为其服务，而是在服务大量采购的客户。这举动被叶鸿年看在眼里，他的脸上写满了不悦，最终没忍住抱怨了几声，没想到店员也不是省油的灯，气鼓鼓回了一句“要快，自己去开一家店啊……”这在《醇华馆饮食脞志》中有所记载：“叶受和店主，本非商人，系浙籍富绅。一日，游玩至苏，在观前街玉楼春茶室品茗，因往间（隔）壁稻香村购糕饼数十文充饥。时苏店恶习，凡数主顾同时莅门，仅招待购货之多者，其零星小主顾，往往置之不理焉。叶某等候已久，物品尚未到手，未免怒于色而忿于言。店伙计谓叶曰：君如要紧，除非自己开店，方可称心。叶乃悻悻而出。”

叶鸿年回去之后，越想越恼火，一气之下果然在繁华的观前街开了一家茶食店，取名“叶受和”。由于自己受过气，所以叶鸿年深知其中滋味，发誓要让走进叶受和的顾客有宾至如归的感觉，故而取名为“叶受和”。没想到这个独辟蹊径的店名还真一炮而红了，且看 1925 年 4 月 25 日的《苏州明报》是如何报道的：“从来同行开新店，习惯最喜欢仿用名牌店的牌号……这个姓叶的不题什么香字、村字，别开生面用‘受和’两字，加上一个姓，就见他有独立志气，所以后来竟然成功。”

06 采芝斋 >

周恩来总理招待外宾所用糖果

在苏州说起糖果，采芝斋是无人不知无人不晓，如果说评弹是融入苏州人骨子里的腔调，那么采芝斋就是苏州人甜蜜生活的真实写照。采芝斋总店就在赫赫有名的观前街上，漫步在店铺林立的步行街，你完全不用担心找不到它，因为它实在是太出挑了，想不让人注意到都难。

采芝斋是一栋紧邻街道的楼房，粉墙黛瓦，低调内敛。来到店门口，率先映入眼帘的是“采芝斋”3个大字，这个店名可不是哪个山野村夫随意写的，此乃清代探花费念慈书写，字体素朴雅致，着实赏心悦目。店名两边还写着“同治始创，百年老店”，仅仅8个字就交代了采芝斋的历史渊源，短小而精悍。且慢，别着急进店，门口还有一副对联呢：“采万物灵芝，溶百年珍味。”细细揣摩一下，采芝斋还真是如此，汇集天下万物之精华，然后变成各式各样的甜品，为日常生活增添更

苏州市姑苏区观前街
步行

多的甜蜜。

迈着轻盈的步子缓缓走入方正敞亮的大堂，你会产生这样的疑问，这真的是一家糖果店吗？确定不是一座活生生的私家园林？放眼望去，只见墙壁上垂挂着一幅生动的《采芝图》，画面中是两位神采奕奕的老翁，其中一位一手握着拐杖，一手提着装有灵芝仙草的提篮；另外一位肩上背着一个葫芦，里面装的是灵丹妙药。这幅《采芝图》清奇有趣，和整个店里的布置相互辉映，相得益彰。

店内墙壁上除了这幅《采芝图》外，还挂有“半爿药材店”“贡糖”等招牌。传说在清光绪年间，慈禧太后生病，太医久治无效，苏州织造局选派苏州名医曹沧洲进京为太后诊脉。曹大夫除开列处方外，还将随身携带的采芝斋贝母糖贡奉给慈禧太后助药。神奇的是，不久之后太后的病情就有所好转。随着慈禧太后病情的好转，“采芝斋的秘制贡糖，治愈太后病”的传说也传开了。从此以后，采芝斋就有了“贡糖”和“半爿药材店”的美称。

除了有慈禧太后为采芝斋“点赞”以外，周恩来总理也丝毫不吝惜对采芝斋的认可与支持。1954 年，周恩来总理出席日内瓦会议时，曾以采芝斋的糖果招待外国友人。从此以后，

作为“中国糖”的采芝斋就像插了翅膀一样，迅速地飞入了国际市场……可想而知采芝斋名气到底有多大。

采芝斋的糖果种类非常丰富，简直就是爱糖人士的福音。糖果类有松粽糖、玫酱糖、脆松糖、脆桃球、软松糖、薄皮糖、轻桃糖、杏仁糖等。炒货类有香草西瓜子、玫瑰西瓜子、椒盐榧子、椒盐胡桃等。清水蜜饯类有白糖杨梅干、九制梅皮、玫瑰半梅、九制陈皮等共100多个品种。

采芝斋的糖果多以各种果仁以及玫瑰、桂花、薄荷等为辅料。此外，采芝斋非常注重时令性，经常会根据季节变换用料，目的就是让其糖果保持新鲜口感。所以当你优哉游哉走在大街上，突然闻到了桂花、薄荷、蜜饯山楂、玫瑰瓜子、芝麻、松子等五花八门的香味时，恭喜你，你离采芝斋已经不远了。

采芝斋是中国老字号糖果店，始于 19 世纪末。自清代同治九年（1870 年）设摊起，一直到如今。这其中必然经历了不少辉煌与苦难，但真金不怕火炼，如今它又以崭新的面貌出现在人们面前。如果你不急于拿着“战利品”就走人，那么请放慢脚步，静下心来吧。剥一颗糖放嘴里慢慢咀嚼，再听听这里的评弹，又甜又糯的吴侬软语真是酥到人骨子里去了。身着水乡韵味服饰的售货员，一扇扇花窗一重重挂落，一段段评弹小曲儿，无论站在哪个小角落看，采芝斋都散发着苏州特有的慢调气质。

07 | 光裕书厅 >

在这里读懂苏州文化

苏州园林甲天下人尽皆知，不过撩动我心的却不是各有千秋的私家园林，而是散落在各个角落里的苏州评弹，那咿咿呀呀的吴侬软语真是余音绕梁三日而不绝于耳。

苏州评弹其实是评话和弹词的集合。评话通常一人登台开讲，内容多为金戈铁马的历史演义和叱咤风云的侠义豪杰。弹词一般两人说唱，上手持三弦，下手抱琵琶，自弹自唱，内容多为儿女情长的传奇小说和民间故事。苏州评弹都是用苏州方言演绎，吴侬软语，柔美细腻，像是春风拂过面颊，又像是娇羞女子在耳边呢喃私语，若非如此之美，又怎能占据我内心最柔软的角落呢？

苏州可以听评弹的地方有很多，但你若想听最为地道的，那就非光裕书厅莫属。光裕书厅就在观前街的一个小巷子里，低调内敛。这是一栋古朴的小楼，依旧承袭着江南特有的粉墙黛瓦，墙上还有精美的团龙砖雕，若不是门楣上方写着“光裕书厅”4个字，我还真以为走错了地方呢！当然最显眼的还是大门上方那个琵琶造型的灯饰，让人不用言语就知晓此处必然有着悦耳动听的评弹。

- 苏州市姑苏区宫巷第一天门8号
- 0512-65233735
- 13:30—15:30
- 人均价格：30元

光裕书厅的评弹演出在当地人心中还是特别好的，来这里欣赏的大多是苏州本地人，尤其是一些上了年纪的人。如果你来得晚，那就惨了，这里的座位特别抢手，要是来得晚就只能站着看，或者下次再来了，因为剧场里乌压压的都是人。台上布置得很简单，两位老师就坐在高凳上表演，一位弹着三弦，一位拨着琵琶，嘴里说唱的都是苏州话，时不时还穿插几个笑料，惹得台下的听众个个捧腹大笑。

可别小看这些笑料，这在评话里面称作“噱”，有“噱乃书中之宝”的说法。由人物性格和情节的矛盾展开中产生的喜剧因素，叫“肉里噱”。用作打比方、衬托、借喻和解释性的穿插，叫“外插花”。与此类似，用只言片语来引起听众的笑声，叫“小卖”。都说外行人看热闹，内行人看门道，看吧，这里讲究多吧。听着听着，感觉身心甚是舒服。

这里的评弹演出分两场，13:30 一场，19:30 一场。每个座位上都有暖瓶，一落座，就有热水可喝，听个评弹竟然也有宾至如归的感觉。当然如果你想喝茶的话，不妨自己带点茶叶过去。不同于别处，光裕书厅只有评弹演出，并不兜售茶水饮料，所以在这里丝毫没有一点商业气息，你所看到的，你能感受到的，就是纯粹的传统艺术文化。

08 文起堂 >

探秘 400 年前的老宅

“老”这个字其实挺有意思，老物件、老朋友、老房子……无论是什么，一旦和老扯上关系，便觉得有种讲不清、道不明的情怀在里边，也正因为老这个属性，故而有了更多历经岁月打磨的故事可以娓娓道来。

旅行久了的人大都有种通病，不在意是否去目的地的知名景点，却心心念念它的市井生活；不在乎去了多少个地方，却执迷于各种犄角旮旯里的小街小巷，甚至各种与老相关的物件……我不知道你是否也有这种感觉，反正我是这样！

有一天，我漫无目的地在一条巷子里闲逛，在巷子的尽头我看到了一幢异常古老的老房子。穿过老房子继续往前走，走到干将东路时，

苏州市姑苏区干将东路712号
地铁1号线临顿路站下车
8:00—19:00

文起堂就这样闯入了我的视线，文起堂的主人是张献翼，他是苏州名士，与兄张凤翼（戏曲作家）、弟张燕翼（画家）号称“三张”。张献翼著有《文起堂集》《读易纪闻》《纨绮集》等。

这是一幢非常精美的明代建筑，尽管它略显沧桑，但你依然可以从砖雕、门楣上面找到些许昔日繁华绮丽的蛛丝马迹。据介绍，文起堂坐北朝南，现存轿厅、大厅及东西两厢房，占地约650平方米。轿厅面阔12米加两落翼，进深6.5米，木柱础，木构梁架圆作扁做，这种做法在苏州市区现仅存孤例。能在苏州这个风水宝地成为孤例，着实不简单！

和许多文物古迹的鉴定一样，文起堂的发掘也是一波三折。几年前，文物部门在做干将东路一栋古建筑东厢房拆除整修工作时，于古墙夹缝中发现了一块封存的老匾，上书“文起堂”3个字，下有张凤翼好友、明代大书法家陈鎏的落款。经过鉴定，确认这就是400年前的明代实物。这块匾额也是很幸运，之前藏于夹缝中躲过了动荡岁月的“洗礼”，如今又躲过了整修的“洗礼”，到如今才得以重见光明。

09 品芳茶社 >

130 年的苏州老味道

味道是个很玄的东西，只要和味道沾上关系，情怀就大不同，比如说妈妈的味道，记忆中的味道……关于苏州的老味道，你可知道？说到苏州的老味道，不得不提品芳茶社，虽说是茶社，提供的可不只是清茶，还有点心、苏帮菜之类的。江湖有传言“听戏到吴苑，喝茶到品芳”，品芳茶社在苏州人心中的地位可想而知。

说起品芳茶社，这可是一家有年头的百年老店了，创始于大清光绪年间，迄今为止足足有 130 年了。曾经的品芳茶社可以说是苏州文人雅士会友的好去处，清茶三两杯下肚，文思自当如泉水涌出。远的不说，说个近点的故事吧。据说当年周作人在苏州小住时，他时不时会来品芳茶社，常在这里听书、喝茶、吃生煎馒头。

苏州市姑苏区平江路 94 号（近大儒巷）
步行
10:00 —21:30

品芳茶社在苏州有两家，其中一家在充满小资情调的平江路上，另外一家在热闹繁华的观前街。当然无论是身处文艺清新的清静之所，还是热闹繁华的大街，品芳茶社的味道都是不打折扣的。每一样食物都是精挑细选的食材，然后再经过时间的淬炼，最终被送至你的面前，任由你一脸花痴地流着口水！

平江路和观前街一样都是充满了历史底蕴的街道，相比于观前街，平江路还是要安静得多。路的一侧是条小河，河岸两边的商业建筑和民居和谐相处。沿着平江路走一走，你会发现不少小惊喜，或许是一家精品店，或许是一家咖啡馆，或许只是路边的街头表演。走着走着，一不小心你就撞进品芳茶社的怀里了，邂逅就是如此简单。

品芳茶社平江路店在大儒巷交叉口靠河一边，店面并不是很大，上下两层，小而精致。别看品芳茶社面积不大，但麻雀虽小却五脏俱全。如果你来，一定要提前来，然后挑个临窗位置或者雅间，一举满足你一边吃美食一边看美景的心愿。论美食，那品芳茶社就多了去了。荠菜馄饨一直是老苏州人的大爱。炸得金黄的生煎更是众多食客念念不忘的美味，生煎上面的皮松软饱满，底部沾满了金黄酥脆的芝麻，里面的肉馅那叫一个喷香，咸香中还裹挟着甜，轻轻咬一口，汤汁四溢，回味无穷。

茶社里怎能少了甜品呢。赤豆桂花圆子一直是心中大爱啊，赤豆的浓稠加上圆子的软糯，再加上桂花的清香，吃一口满满都是初恋的味道。对了，还有一道叫作冰皮雪媚娘的甜品，白白嫩嫩的，不仅外形楚楚动人，就连口感也是超级好，轻轻咬上一口，冰皮糯糯的，奶油柔柔的，简直就是甜品中的良心之作。

其实，品芳茶社值得细说的食物还有很多，但我却要卖个关子，尽量少剧透一些，这样你才能在这里发现更多惊喜。

品
Pin
130年苏州小
Tea, wine, snacks
130 years of the

芳

10 | 猫的天空之城概念书店 >

沉醉在柔软的时光里

对于一个从小喜欢文学的人来说，书店是日常生活中必不可少的伴侣。在这里，你可以暂时忘却生活中的烦扰，认真而专注地守着自己的阅读天地。原本我以为书店只是书店，除了书还是书，直至漫步苏州，直至遇见猫的天空之城概念书店，这才惊觉书店除了阅读，除了出售书籍，还可以出售一种生活方式，一种慵懒闲适的生活方式。

猫的天空之城概念书店分店就在清新文艺的平江路上，沿着青石板路走，一拐弯你就能与它相逢。这是一栋两层楼的建筑，无论楼上还是楼下都是清一色的木质窗扉，窗扉周遭被爬山虎等藤蔓植物霸占，它们肆无忌惮地攀爬，尽情享受着属于它们的夏天。

透过玻璃窗，可以清晰地看到屋里柔和的灯光和三三两两低头阅读的脸庞。这样的画面真美，有种岁月静好的感觉。拐角处还有一个红底白波点的邮筒，如果你有想对自己说的话，或者想给爱的人一份慢慢悠悠的惊喜，完全可以交给它！

苏州市姑苏区平江路 184 号
步行
0512-65159533
10:00 —23:00

迈着轻盈的步子走进店里，放眼望去，一楼略显拥挤。正前方有一个吧台，底座由书垒成，周边摆放着各种小零食、小点心，时不时还有咖啡、奶茶的香味从那个小吧台中飘过来，闻着这香味脚步自然挪不动，想不在这里浪费点美好时光都不行。

沿着一堵书墙慢慢上楼，这面墙上有不少精美的小众书籍，自然也少不了各种明信片，苏州风景明信片、原创手绘明信片等应有尽有，挑上几盒再认认真真写上一段祝福，送自己送朋友都是不错的选择。走过这堵书墙，这就来到了二楼，视野瞬间开阔起来。

挑一个临窗的安静角落坐下，点上一杯伯爵奶茶，然后静静发呆。桌上零零散散放着各种彩笔，还有泛黄的留言册。与其说这是一本留言册，不如说这是一本旅途故事会，你不用天南地北地跑，在这里就可以看到五花八门的故事，或温情脉脉、或离愁别绪、或暧昧挑逗、或文艺泛滥……总之，这本小小的、发黄的留言册成了一座情感的桥梁，让你和故事里的主人公有了隔空对话的机会。至于我，当然也不能免俗，同样在留言册的边边角角里留下了我的笔迹。当时写了什么我已忘了，看来我应该来一次故地重游，想必心境会大不同吧。

那就顺便再写写明信片吧，想象着大江南北的好友收到这来自苏州的问候，嘴角轻扬、笑靥绽开的样子就觉得很温暖。最后，再给自己写一封信，寄给未来的自己。什么？还可以寄给未来？是的，猫的天空之城概念书店的一大特色便是寄给未来的信，写完之后放在这里，由工作人员按照你希望的日期给你投递出去……听起来是不是很诱人？寄出明信片之后，终于可以静下心来阅读。窗外的芭蕉绿油油的，我望一望翠色欲滴的芭蕉叶，然后整个人窝在沙发里，沉浸在书海中，任由时钟滴答滴答地转动……

Back To School
开学季文具大赏
——给新学年的礼物
PILOT
きっと書くのが楽しくなる。
kakuno
188

11 | 转角遇到猫 >

猫奴的幸福天堂

对于喜欢猫的人来说，人世间再也没有比和猫咪们一起玩玩闹闹、搂搂抱抱更幸福的事情了。只要一听到“喵”的声音，一看到那高冷的眼神，这帮爱猫的人心都要融化了。如果你恰好也是一个不折不扣的爱猫之人，那么福音来了，苏州就有一家名为“转角遇到猫”的咖啡店，这里有大大小小一二十只不同品种的猫咪，不去这里撸撸猫怎能说你是爱猫之人呢？

转角遇到猫开在极具小资情调的平江路上，不用大费周折你便能找到它。不过即便它藏在犄角旮旯里，只要你执着于寻找，那也是不成问题的。当你来到门口时，估计你的双眼会被惊艳到，只见爬满了绿植、开满了鲜花的院子里到处都是猫咪的头像，这些猫咪或凝视、或惊讶、或呆萌、或一脸嫌弃的表情……这原本清新文艺的小院因为

- 苏州市姑苏区平江路236号（近白塔东路）
- 步行
- 0512-65155956
- 12:00—21:00（周一至周五），10:00—21:00（周六、周日）
- 人均价格：30元

这些猫咪头像的乱入，瞬间变得滑稽有趣起来。

推门正准备进去，竟被服务生叫住，说是进去前需要消毒。于是先用洗手液洗洗手，然后穿上鞋套，再点上一杯奶茶。对了，别忘了再给猫咪们买上一两袋小零食，要不你拿什么去向它们献媚求宠呢？一切准备就绪后，终于可以进去了，只见屋里到处都是猫：英短、美短、蓝猫、暹罗、加菲……地上跑的、桌上跳的、筐里睡着的……白的、黄的、黑的、花的……看得你眼花缭乱，一时间我真以为自己来到了花果山，当然主角由猴子换成了猫。

如果说这几十只猫咪都有些什么共性的话，共性之一便是肥，如果说肥也是一种美和可爱的话，那这只有猫咪能做到。共性之二便是懒，大部分猫咪都在洒满阳光的角落里懒散地躺着，还时不时发出呼噜的声音，就算你触摸一下它，它也只是半睁开眼睛，瞄你几眼然后继续做它的美梦……千万要小心，有沉睡不醒的猫咪，就一定也有天不怕地不怕的“捣乱鬼”，趁你不注意的时候，总有那么几只上蹿下跳的家伙在迷惑你，一不注意，你们就同饮一杯奶茶啦。置身在转角遇到猫这个狭小的空间里，有阳光可晒，有奶茶可喝，还有憨态可掬的猫咪可逗，小时光不能再美好了……

（下）
（上）

特色博物馆之旅

博物馆不同于其他场所，可能有互动，可能花里胡哨……它们有的只是古籍、古物，大多还因年代跨度太大显得晦涩难懂，这就更需要你带着一颗清静之心去细细品读。

从一座座博物馆中更能品出苏州的韵味

“博物馆”一词源自于古希腊语，意为“缪斯神庙”。缪斯，作为古希腊神话中的一系列神祇，她们是统辖艺术、科学等领域9位女神的总称。

每个城市都会有自己的博物馆，各式各样的博物馆。它们承载着城市的过去，无论好的坏的；它们也呈现着城市的当下，还试图展望一下未来。其实，博物馆才是一个城市最为厚重的地方，了解一座城市，先从博物馆开始……

苏州是一座有着几千年悠久历史的文明古城，相应的，这座城肯定也积攒了不少别处没有的宝贝。好在苏州人非常善待这些充满了故事的宝贝，并为之建立了一座又一座专题博物馆，由此我们这些外来游客才得以畅游在一座又一座的博物馆中，如饥似渴地品味千年姑苏文化。

总而言之，这条线路有序串联起了苏州苏扇博物馆、中国苏州评弹博物馆、中国昆曲博物馆、苏州城墙博物馆等。你若有耐心一路走下来，那么你便能很好地认识到这个以雅致为主的历史文化之城究竟是个怎样的存在！

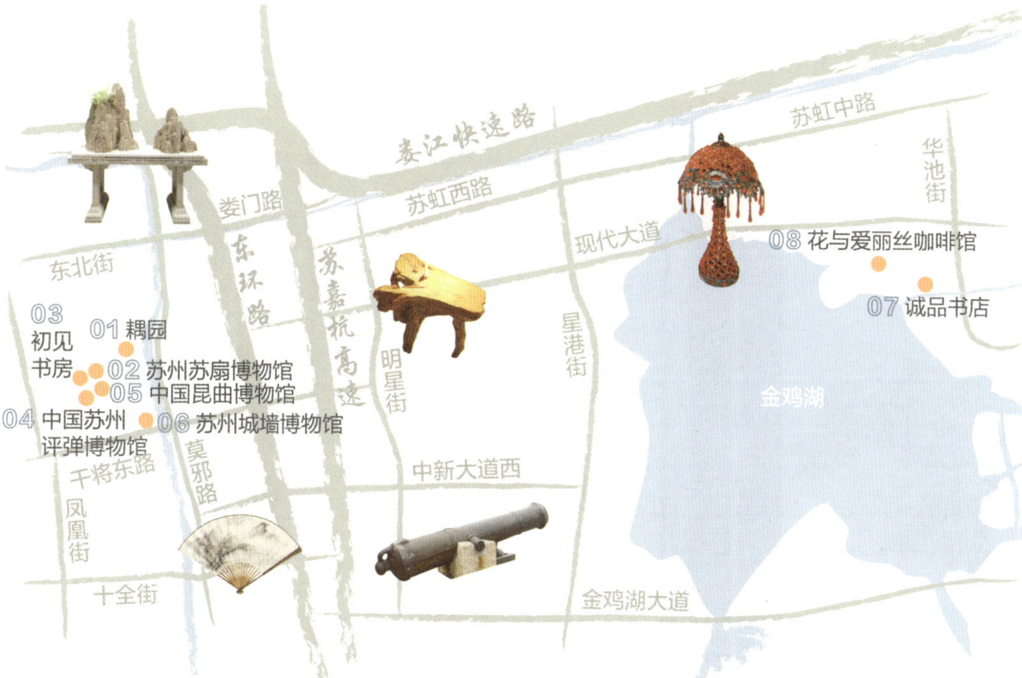

耦园

花与爱丽丝咖啡馆

起始地：

耦园

路线：

耦园（游）—苏州苏扇博物馆（游）—初见书房（购）—中国苏州评弹博物馆（游）—中国昆曲博物馆（游）—苏州城墙博物馆（游）—诚品书店（购）—花与爱丽丝咖啡馆（食）

终点：

花与爱丽丝咖啡馆

01 耦园 >

五天必游

不羡鸳鸯不羡仙的伉俪情深

苏州园林各有各的美，但像耦园这样的却只此一家。耦园隐藏在仓街小新桥巷深处，一面临街，其余三面都临河，加上地理位置较偏的缘故，耦园有着闹市里鲜有的宁静。从仓街一路慢慢走来，走上砾石路时，你就来到了耦园面前。一溜青瓦白墙安静素朴，几条河流静静流淌，一流淌就是漫漫千年，在水一方，枕河而居，说的就是耦园吧。

在我看来，耦园是十分有趣的一座园林。和其他园林一样，耦园也经历了几位主人。陆锦是最初营造者，他归还故里建造了这座私家园林，并取名“涉园”，取自陶渊明的《归去来兮辞》的“园日涉以成趣”。但真正让耦园形成今日格局和人文底蕴的是清末安徽巡抚沈秉成。和许多文人一样，沈秉成也在仕途上怀才不遇，雪上加霜的是又遭逢丧妻失子之痛，从此他的人生变得一片灰暗。

后来他来到了苏州这座浪漫的城市，并以三千两银子买下了废弃的涉园。也许是上天的眷顾，就在沈秉成的世界快要崩塌时，一个叫严永华的年轻才女走进了他的世界。沈秉成酷爱藏书和诗文，严永华也爱写诗，二人当真是灵魂伴侣，至今在耦园东院的墙上还能看到她的诗：“耦园住佳偶，城曲筑诗城。”“耦”同“偶”之意，二人琴瑟和鸣，相敬如宾，你抚琴来我听音，由此创下一段千古爱情佳话。同时，“耦园”一语双关，既点名了佳偶事实，又道出了园子的最大特征，可见沈秉成夫妇的用心良苦。

耦园不大，坐北朝南，中央部分有明显的南北中轴线。在布局上，“以楼环园，以水环楼”。

🏠 苏州市姑苏区平江街道小新桥巷 6 号

🚌 301、301 长线、305 路公交车东园站下，沿白塔东路向西步行 80 米到仓街，沿仓街向南步行 450 米左转弯到小新桥巷，再向东步行 40 米到达；地铁 1 号线相门站下，3 号口出，往东能见到相门城门，沿仓街向北步行 660 米右转弯至小新桥巷，再向东步行 40 米即到

¥ 淡季 20 元，旺季 25 元

🕒 旺季 7:00—17:00（3 月 1 日至 10 月 31 日），淡季 7:00—16:30（11 月 1 日至次年 2 月底），闭园前 30 分钟停止售票

园分东西两部分，取唐人“东园载酒西园醉”诗意，和欧阳修的“醉翁之意不在酒，在乎山水之间也”有着异曲同工之妙。如此一宅两园的布局，在苏州众多古典园林中也是独树一帜。

其中，东花园以黄石假山为主景，是耦园的精华所在，也是涉园的遗存。东侧主山陡峭险峻，名“留云岫”；西侧小山山势平缓，名“桃屿”。两山之间有一谷道，两侧削壁如悬崖，名“邃谷”。主山东边转为绝壁，直泻“受月池”，是全山最精彩处。主山北侧，竖大石数排，结构似巨石自然风化剥裂，给人以苍劲之感，上面还悬挂垂萝，与真的山景并无两样。西花园面积不大，以湖石构景，绵延舒展。整个园子以“织帘老屋”书斋为中心，分为东、南、北三个不间断的院落，漫步在这里甚是安静从容，就连自己的心跳声都能听见。

从正门进来，迎面而来的是曲径通幽。沿着狭窄的廊道一直往前走，走着走着眼前突然豁然开朗，往前一步就是“吾爱亭”，相传当年的女主人严永华每日在此弹琴；“吾爱亭”的左面是“听琴轩”，是沈秉成聆听爱人弹琴的地方。在这里，夫妇俩度过了8年的美好时光，不羡鸳鸯不羡仙说的就是这对伉俪吧，执爱人之手，共同归隐在闹市里，守着自己的一片清净地，任凭外面风吹雨打。

02 苏州苏扇博物馆 >

一把苏扇万种雅韵

扇子真是一件好东西，从实用性来说，它是消暑纳凉的好助手，扇一扇凉风就被召唤而来；从美观角度来说，它又是锦上添花的尤物，文人雅士握着它那叫一个风度翩翩，大家闺秀揣着它那叫一个楚楚动人、顾盼生辉。尤其是当这把扇子来自苏州时，这味道自然而然变得更雅致。

苏州自古便是制扇重镇，由于扇骨清奇、扇面细腻、制作精巧雅致，世称“雅扇”，又称“怀袖雅物”。苏扇是统称，它包含了苏州折扇、檀香扇、绢宫扇、折扇等。苏扇大约兴起于南宋时期，明代开始名扬全国，到清代时达到顶峰。赫赫有名的“明四家”：沈周、文徵明、唐寅、仇英均有扇面传世，如今已是不可多得的国宝。

如果你对这“怀袖雅物”有着浓厚的兴趣，那么你更不应该错过了解它的机会。在人来人往的平江路上隐藏着一座苏州苏扇博物馆，如果你不注意也许就错过了。相比热闹的平江路，苏州苏扇博物馆有些特立独行，它有如空谷幽兰般，独处闹市却安静素朴。这里原来是一个达官贵人的府邸，但现在摇身一变，变成了谁都可以进来参观的博物馆，颇有“旧时王谢堂前燕，飞入寻常百姓家”的况味。

苏州苏扇博物馆由三进空间组成：第一进是苏扇文化简介，在这里走上一圈，你就能大致明白苏扇的前世今生。第二进以馆藏扇子实物为主，附东、西两个厢房，东厢房以檀香折扇、檀香宫扇为主；西厢房为扇艺工作室。第三进主要用于展示当代名家书画扇面，馆内藏有众多名家扇面，如张大千、吴作人、唐云、陆俨少等；以及名家竹刻扇骨，如支慈庵、花剑南、薛佛影、谭维德等；另有与扇相关的扇坠、扇袋、扇箱、制扇工具。

当你来到博物馆大门时，别着急进门，用心看看大门两边的砖雕，它们是那样精美，静静地待在门边，细数着四季光阴的流转。当你迈着轻盈的步子走进博物馆时，别惊讶、别出声，静静欣赏就是。这里陈列的扇子何其多啊，从檀香扇到象牙扇，从羽毛扇到绢面扇……各种材质的扇子应有尽有，看得你眼花缭乱，竟然想不出可以描述的词汇来。《长物志》云“姑苏最重书画扇”，看看眼前这琳琅满目的精致苏扇，还真是如此模样。细细品味着这一把把精致的苏扇，“银烛秋光冷画屏，轻罗小扇扑流萤”的诗句便会不由自主地浮上心头，这画面真是美极了。

苏州市姑苏区平江路卫道观前
地铁 1 号线相门站下步行约 650 米
9:00—16:30（周一闭馆）
免费

03 初见书房 >

城市里的诗意栖所

博尔赫斯说："如果有天堂，天堂应该是图书馆的模样！"我想说一座城市里若有一处诗意的栖所，那应该就是散落在各个角落里的独立书房。这个书房既有图书馆的功能，又有咖啡馆的慵懒闲适，在这里你可以惬意地晒着太阳，喝着咖啡，看着有质感的书，做着春天般的美梦，发着愣愣的呆……总之，走进这个诗意栖所，你会不由自主地放下所有防备，并呈现出你最舒服的姿态来。

每到一座城市，有两个地方我是必定要去的，一是博物馆，因为博物馆里可以了解到这座城市的历史过往；二是书房，因为它已然成为一种新的生活方式。在苏州闲逛，如果你没有去初见书房小憩一会儿，那将会是莫大的遗憾。还没有去，我承认我就已被名字打动了，脑海中无端冒出纳兰性德的名句"人生若只如初见，何事秋风悲画扇"，不知道初见书房是否得名于此。

苏州市姑苏区平江路卫道观前3号礼耕堂
地铁1号线相门站下步行约800米
0512-67288816
9:30—21:30

初见书房也在平江路上，不过比较隐蔽，这倒是符合书房的气质，宜静不宜闹。书房由一座老宅改造而来，粉墙黛瓦，芭蕉展翠，还以为不小心闯入了私家园林呢，就是不知道前方是否有翩翩公子在抚琴长歌、吟诗作对，抑或是待字闺中的小姐倚靠在窗前独自发呆。

轻悄悄地走进店里，放眼望去，内部装饰也是相当古朴，一排排木质书架上随意放着一本本书，说是随性却不显杂乱，看到如此陈设，内心也变得轻松宁静起来。不知为何，一直觉得过于整齐的书架并不那么完美，反而有种莫名其妙的压抑感。不可否认，整齐本身是种美，但过于刻意反而容易疏离，平添距离感……还是听从内心召唤，随性点吧！

点上一杯拿铁，沿着扶梯走上二楼，择一个靠窗的位置坐下。一盏灯、一杯咖啡、一本书，许你一个美好的下午。书看累了倒也无妨，推开窗就是美如画的江南风光。远的不说，光是镂空雕花的窗户就足以让你的眼睛贪婪一把；你若还有雅兴，那就练练字吧，耐下性子研墨，然后不慌不忙地泼墨书写，别太在意写得好与坏，静下心来慢慢享受过程就好！

04 中国苏州评弹博物馆 >

了解苏州评弹不得不去的地方

漫步在苏州古城街头，你会经常邂逅这样的画面：路边的老宅窗户半开半合，有一老者坐在里面自弹自唱，手中的三弦和琵琶时不时发出婉转悦耳的声音……当你渐行渐远，耳畔回荡的还是这舒服的声音……这声音不是别的，就是大名鼎鼎的苏州评弹。

“吴头楚尾水乡情，江左文采出评弹。”苏州评弹是苏州评话和弹词的总称，它产生并流行于苏州及江、浙、沪一带，用苏州方言演唱。评话也称“大书”，只说不唱，以一人演出为主，表演注重“说、噱”，演员在台上凭借一块醒木、一把折扇就能模拟世情百态。弹词也称“小书”，有说有唱，一般以两人为主，表演注重“说、噱、弹、唱”和“理、味、趣、细、技”等。评弹历史如此悠久，演出如此精湛，难怪与昆曲、园林一起被誉为苏州的“文化三绝”。

如果你想听一场评弹，可选的地方实在很多；但你若想真正接触并了解这一高雅艺术，可能还得去中国苏州评弹博物馆。该博物馆内藏有评弹各类珍贵历史资料 10 000 余件，各种评弹孤本、脚本几百部。全馆共有三进院落，古色古香。门厅展区总体介绍评弹概况及参观路线；二进大厅设立了仿清式“吴苑深处”书场，这里会定期表演评弹书目；三进大厅是个上下二层的小楼，主要介绍评弹发展史、各代著名评弹艺人和文史资料等。

中国苏州评弹博物馆位置挺好找，就在平江路的小巷子里，毗邻中国昆曲博物馆。这是一个典型的江南园林式宅院，小家碧玉型，由清末民初的沈宅改造而来。当你走着走着，迎面遇上一组青铜雕像时，你就到了目的地。雕像中有拱手作揖的老先生，有坐在黄包车里的来客，这明显就是旧时人们来书场茶馆听说书的场景……这组青铜雕像太有代入感了，让人迫不及待想要进去探个究竟。

苏州市姑苏区平江路中张家巷 3 号
地铁 1 号线相门站下步行约 650 米
门票免费（评弹演出普通座 20 元，含龙井一杯；状元座 30 元，含碧螺春一杯，本市居民及持有江、浙、沪任何一家书场的上一场演出票者普通座 6 元、状元座 7 元）
9:00—17:00（评弹演出时间 12:00—15:30，演出时间暂停游客进馆参观，演出结束后参观照常）

越是往里走，越多惊喜！进了大门四下打量，眼前却被一组屏风遮挡，走近了看才发现这又是贴心之作，屏风上面表现的也是评弹场景，表演者莫不惟妙惟肖，听众莫不如痴如醉，看来这个评弹博物馆值得细细品味。绕过屏风继续往里走，眼前豁然开朗，原来不经意间来到了小花园。横在眼前的真是一堵黛瓦白墙，整面墙上半部分呈拱形，像波浪一样蜿蜒逶迤，老宅瞬间变得灵动起来。月洞门在中间，两侧墙上又各开一扇窗，好一幅诗情画意的景象……如此雅致的园子配上如此雅致的评弹，自然是双重完美享受。

在花园里休憩片刻，随即来到二进大厅，这是个仿清书场，很有怀旧的感觉，平日里的评弹表演就是在这里进行。舞台本身不大，但由于舞台两侧都是巨大的窗户，视觉上就显得格外开阔。当日的评弹演出属于一人的单档，别看演出者寡，但台下的听众却是爆满。

听完一场精彩的评弹演出后，别急，还有第三进没有参观呢。在三进大厅你可以了解到评弹的发展史、评弹艺人生平和各种各样的文史资料。更为难能可贵的是，在这个展馆里还收藏着 560 多盘珍贵的评弹音像资料，而这些资料的主人便是老一辈无产阶级革命家陈云，这些音像资料由其夫人于若木女士无偿捐赠。

在评弹博物馆里走走停停，累了就在花木扶疏的庭院里晒个太阳打个盹儿，耳边还时不时飘来优美的评弹声，真让人顿觉恍如隔世……

05 中国昆曲博物馆 >

五天必游

在这里读懂昆曲

昆曲，是中国汉族传统戏曲中最古老的剧种之一，至今已有600多年历史，发源于苏州昆山一带。这是真正的高雅艺术，素以曲词典雅、行腔婉转、表演细腻著称，被世人誉为“百戏之祖”。

你也许不知道什么是昆曲，但你一定知道汤显祖的《牡丹亭》，也一定还记得杜丽娘和柳梦梅的爱情故事；你也许不知道什么是昆曲，但你一定知道孔尚任的《桃花扇》，也一定还记得《哀江南》中的国亡之痛；你也许不知道什么是昆曲，但你一定知道洪昇的《长生殿》，也一定还记得《骂贼》中的声情并茂……

如果你既不了解昆曲，又不知道《牡丹亭》《桃花扇》《长生殿》，那也没有关系，现在了解还为时不晚。说到昆曲，有一个地方不得不提，去了这里并不能立刻提高你的审美标准，但能让你全面了解昆曲的方方面面，这个地方便是中国昆曲博物馆。这里收藏有全国最多的昆曲

苏州市姑苏区平江路中张家巷14号
地铁1号线相门站下步行约550米
09:00—16:30（周一闭馆）
免费

抄本和珍贵脚本，以及数以千计的昆曲文物、实物和资料，堪称了解昆曲的一大窗口。

中国昆曲博物馆设立在张家巷全晋会馆内，就在平江路周边的小巷子里，跟着指示牌一路走，你便能找到它。这是一幢藏身在民居中的雅致老宅，虽处闹市却异常清静，置身这种氛围，原本浮躁的人瞬间就变得安静下来。

博物馆的房梁上挂着一排红灯笼，这热烈的红将此处的氛围反衬得更为宁静。木质牌匾掩映在红灯笼间，上面简单书写着“中国昆曲博物馆”几个字。进入大门，迎面是一尊雕像。这尊雕像不是别人，正是被誉为昆曲“曲圣”的魏良辅。尽管他穿着长长的衣服，但依然藏不住他瘦削的身形，他的双眼闭着，似乎在轻轻念着唱词。

可别看“曲圣”身形清瘦，他满肚子都是才华呢！这位明代戏曲音乐家写下了知名作品《南词引正》，其中对昆曲的演唱规律、方法、技巧等方面进行了较全面的研究和总结，正是在他的不断钻研下，昆曲最终演变成了格律严谨、形式完备、声腔音乐婉转悦耳、柔媚悠长的演唱艺术。

走着走着，你就来到了古戏台前，这可是昆曲博物馆的一大宝地啊！古旧的戏台檐角高高翘起，藻井繁复华丽，周边的花纹和瑞兽活灵活现，看着就很有代入感。若是在这竹影斑驳的庭院里懒洋洋晒着太阳，慢悠悠喝着小茶，台上又传来昆曲那柔软婉转的唱腔，那该是怎样的享受，想象一下就觉得幸福像花儿一样绽放。突然一阵清风吹来，思绪瞬间被拉回到现实中来。目光由上到下落在了古戏台两侧的墙上，这儿挂有昆曲文木雕、砖雕等，既是陈列，又是装饰，此等设计真是一举两得！

穿过古戏台，随意走走逛逛，没准儿你就和嚼曲亭撞个满怀。在我的印象中，“咬文嚼字”倒是常出现，但这个“嚼曲”还是初次接触，真是长了见识，看来各行各业都离不开“咬文嚼字”的认真劲。嚼曲亭周边就是昆史厅，该厅从纵横两方面进行展示：以史为纵，以人物、作品、事件为横，多维度、全方位展示昆曲发展史。最值得大书特书的是，清末民初“宝和堂”的紫檀木堂名灯担就藏身在这个厅里。

这个堂名灯担可是昆曲博物馆的镇馆之宝。“堂名”是一种坐唱演出形式，以前苏州的大户人家请堂名班子到家中唱堂会，班主为了方便肩挑，便将堂名唱台拆卸，然后用箱子挑到主人家，再将唱台重新安装在主人的客厅里，因此称为“堂名担”。唱台都是可以拆卸组合的，我简直不敢相信……眼前的这座堂名担用紫檀木、黄杨木镂雕制成，又因挂有玻璃莲花彩灯，夜间看来流光溢彩，所以叫“灯担”。

漫步在昆曲博物馆里，你还会看到不少有意思的楹联，比如说“装谁像谁谁装谁谁就像谁，看我非我我看我我也非我”“生旦净末丑塑就奸佞贤祯相，宫商角徵羽唱彻悲欢离合情”。这些对联内容足够精炼，一语说破戏曲的特征。离开的时候，听闻昆曲博物馆每周日都会有专业的昆曲演出，可惜来得不是时候，竟然无缘这高雅艺术，内心除了遗憾还是遗憾。但也好，旅行路上总得有遗憾，如此一来，才能给今后故地重游一个充分的理由。

06 苏州城墙博物馆 >

在这里看到苏州的前世今生

🏠 苏州市姑苏区相门段城墙南段的中空部位
🚇 地铁 1 号线相门站下步行约 300 米
🕓 6:00—22:00
¥ 免费

如果说这个世界上真的有时光穿梭机，那我想应该就是博物馆的模样。只有博物馆才能以时空维度包罗万象，让你在短短的几个小时内了解到一座城市的过去与现在，并引导你展望未来。每当独自旅行到一座新城市时，我最先去逛的不是那些知名景点，而是博物馆。在我眼里，博物馆就像一个“引路人”，它会耐心带领我梳理好这座城市的发展脉络，等我再去到每个具体的地点时，我就对其历史渊源有所了解了。

这些年职业旅行也好，还是个人出去旅行也好，走过的博物馆也不在少数，但像苏州城墙博物馆这样以城墙为主题的博物馆，我还是第一次接触，听上去就觉得充满了历史文化底蕴。历史中的苏州城墙几毁几起，周长屡有变化，东汉到元代一直保持在 24 千米左右，到明朝时缩减为 19 千米，到清朝时又扩至 25.9 千米，可如今所剩也就那么一小段……这就是我对于苏州城墙仅有的认知，如今有这么一个城墙博物馆可供深入探秘，我又怎能错过呢？

苏州城墙博物馆位于相门段城墙南段的中空部位，距离平江路只有数百米。相比人来人往、热热闹闹的平江路来说，城墙博物馆就显得冷清多了。不过对于旅行者来说，我还是喜欢不受打扰地游览，尤其是逛博物馆的时候，这样一来，我和展品才有可能进行穿越时光的对话。

这是全国唯一的一家以城墙为主题的博物馆，专门介绍苏州城墙、城门历史、修复、现状，顺带介绍苏州的老街坊及其改造历程。全馆分为上下两层，面积近 1 400 平方米，分“序厅”“城纪千年”“城门故事”“城里城外”“城头记忆”和“城墙复现”6 个展厅，陈列有 19 幅古城地图、夯土城墙标本、水城门门臼……最后再借助丰富翔实的图片、生动直观的模型和部分实物，让你在走走停停间迅速知晓苏州城墙的历史变迁，以及苏州城 2 500 年的历史变迁。

别看这是个城墙博物馆，设计上还是下了功夫的。一进博物馆，迎接你的便是走廊上空的浩瀚星空，瞬间就让你置身于浩渺的宇宙中。正中是一块高大的砖雕《平江图》，《平江图》是历史上苏州城的古地图，具有重要的史料价值。两侧的展厅分别展示了一些古代苏州街景的模型、旧城墙的物件、陶器瓷片等。

二楼介绍了各个时期苏州城墙各个城门的兴衰和历史故事，这里的展示非常有意思，一个方式是让你看着沙画逐渐消失，一个方式是让你接听电话，拿起电话倾听来自那古老岁月的声响，从而生动再现了苏州城墙的前世今生。从楼下到楼上，细细走来，慢慢看来，总算对整个苏州古城墙，以及苏州古城有了大概的认识，真得感谢苏州城墙博物馆，因为有你，我对苏州文化历史的认知才算系统完整。

07 诚品书店 >

你是我远道而来的风景

去过台湾的人，嘴边都不离那个 24 小时不打烊的诚品书店。我一直在想，诚品书店究竟是怎样的存在，有如此魔力，竟能让普通游客，乃至当红明星都对它情有独钟。一直想去台湾诚品看看，苦于假期不足，只好作罢。但有一天苏州宣布了一个爆炸性消息，诚品即将入驻苏州……如果暂时去不了台湾，那就去苏州吧，总得把种植多时的草给拔了才肯作罢。

苏州诚品定位为“一座人文阅读、创意探索的美学生活博物馆”，地址就在风景优美的金鸡湖畔。当我来到附近时，完全被眼前的建筑震慑住了，我除了仰视之外还是仰视，因为这建筑实在过于气势恢宏。这建筑由两栋塔楼和三层裙楼组成，裙楼是大陆首家诚品书店、文创平台商场。裙楼建筑空间一片开阔，多用透光玻璃外窗，很自然地便将金鸡湖畔的美景借了进来。另外，整个书店的走廊设计成了舞台布景的样式，看上去别有一番味道。

推开玻璃大门，扑面而来的景象仍令人十分震惊，原谅我眼睛瞪得大大的，嘴都张成了“O”形。挑高达 18 米，延伸达 30 米的空间设计，

苏州市姑苏区工业园区月廊街 8 号
10:00—22:00
0512-62986008
人均价格：176 元

怎能不让我大吃一惊呢？放眼望去，整个大厅开阔明亮，我感觉自己像是置身在某座豪华城堡，而不是一个书店。

最让我惊艳的莫过于直接通往二层和三层的 72 阶大型通天步梯，你可能怎么想也想不到，这里的楼梯右手边竟然设计成了书页墙，“书页”装置以繁体字标写着诚品自成立至今的选书……如此精致有格调的设计自然是吸引了无数人前来，每天在这里凹造型摆拍的人那真是不计其数。

诚品书店分为四层。负一层以美食为主。一层是“风格美学”主题，包括原创设计服饰品牌、文创品牌、家居品牌等。二层是“创意设计”主题，什么类型的书籍对应什么类型的真实产品。比如说烹饪书籍旁有实演厨房 COOKING STUDIO；旅游类书籍紧跟有旅行社；音乐电影类书籍附近就是黑胶唱片和 CD 专辑；儿童书籍旁边肯定就是各种五花八门的儿童学习用具，种类繁多，看得人眼花缭乱。三层是“人文视野”主题，主要是外国文学、历史、人文、心理、传记、美术书籍以及展演厅、艺术空间等。外面还有一个四季吧台，累了可以去休息一下，顺道看看外面的金鸡湖。

一直以为，书店只是书店，只是售书的一个场所，再多元化点的可能是“书店 + 咖啡馆”的模式，然而诚品要做的远不止这些，它是一个以书店为品牌主体，集人文艺术、创意生活、餐饮娱乐、商务表演、休闲观光于一体的文化综合体。与其说诚品是在卖书，倒不如说是在卖一种多元有趣的生活方式。如此说来，诚品书店还真是远道而来的风景，为了一睹其风姿，我愿意千里迢迢奔赴而来。

08 | 花与爱丽丝咖啡馆 >

这家咖啡馆格调有点高

咖啡馆是个奇特的公共空间，戴着耳机敲键盘的，靠窗独自阅读的，畅所欲言的，大口吃东西的，盯着咖啡发呆的……不管你耳边是喧嚣还是清静，人来人往中你可以我行我素，随性游弋在自我和现实当中，并不受打扰，无怪乎大多数作家都喜欢在咖啡馆创作，因为这里给了他们无限的可能性！

今天登场的主角是花与爱丽丝咖啡馆。苏州的咖啡馆真不算少，但要论装修设计、格调，花与爱丽丝咖啡馆应该排在靠前的位置。你可以不知道这家咖啡馆，但对于“会下雨的棉花糖”应该不会陌生，凭借着这个单品，花与爱丽丝也走上了网红之路，有多少人来了又来，为的就是拍下一张又一张超有格调的照片！

花与爱丽丝咖啡馆就在文博广场，你不用费劲去寻找便能遇上它。远远地你会看到一个亮着灯的五光十色的门店，外面摆满了绿色植物，这些绿植在柔和光线的映衬下，平添几分情致。最为耀眼的是挂在玻璃橱窗上的英文标识。英文标识下面就是半开半合的木门，好似在等一个人的到来。

轻轻推开半掩的木门，瞬间整个人都迷失在浓郁的美式复古风中。放眼望去，目光所及都是复古情调，一时间感觉坐着时光穿梭机来到了一个不真实的年代。细细打量一番，却发现又不全是美式复古风，还融合着些许硬朗帅气的工业风，设计感十足，这种视觉冲击极为强烈。

择一个僻静角落坐下，坐下的时候且当心，老旧的沙发很软，一坐下去整个人都会陷在里边，要是大大咧咧一屁股坐下去，估计你会吓一跳。不过柔软有柔软的好处，适合窝在沙发里看看书，喝喝咖啡，顺便打打盹儿。

看了看菜单，果断要了一份抹茶拿铁和会下雨的棉花糖，再来一份小吃拼盘。总而言之，抹茶拿铁的奶味还是挺浓的，再辅之以焦糖饼干，口感还是可圈可点。至于会下雨的棉花糖，味道一般，但是颜值相当高。最满意的是小吃拼盘，里面有薯条和鸡翅，新鲜出炉的，香味十足。

其实，对于大多数人来说，吃什么不那么重要；和谁一起吃，在哪里吃才是关键。在花与爱丽丝咖啡馆里，最让我难以忘怀的便是，一个人在美式复古世界里的游目骋怀，那是专属于自己的美好时光！

苏州市姑苏工业园区苏州大道东文博广场商业中心iStationD09号（月光码头旁，MR.X对面）

15906211131

10:00—24:00

HANA T
SUNLIGHT ON THE
Coffee &

ALICE
TH TO FREEDOM
ocktail
DRINK

慢下来，发现苏州的美

尝试着让自己在这段旅程中慢下来吧，慢下来，你才会发现苏州更多不为人知的美……

这样的苏州也很有味道

这条线路从藏身在小街小巷中的艺圃开始，一直延伸到碧凤坊蔡汇河头 4 号的慢书房，沿途你会看到遗世而独立的艺圃，这种氛围在拙政园和狮子林你是无缘见到的，有时候名气太大和位置太好也不见得是好事，享受了盛名的光环，就不得不承受由此而来的嘈杂。

宝林寺前和艺圃相隔不远，你用不着匆匆忙忙赶路，在艺圃发呆发够了再慢悠悠溜达过来就行。和观前街的命名一样，所谓的宝林寺前，也就是宝林寺前面的一条街。如果说观前街是苏州年代久远的商业步行街，那么宝林寺前则是苏州人传统生活的承载地和乡愁所在地。宝林寺前及其支巷有太多名人故居和故事，当红影视明星刘嘉玲也是从这里走向了世界舞台，“我小时候，苏州给我的印象是白色的墙，黑黑的瓦片，然后你推开窗就可以看到小桥流水，你还可以在大街小巷里闻到阵阵的桂花香”，这是刘嘉玲对宝林寺前弄堂旧居的印象。

如果小街小巷和旧民居打动不了你的心，那么丝绢上的慢工夫或许能让你眼前一亮。苏绣属于刺绣的一种，是用彩色丝线在丝织物上绣成图案。刺绣容不得半点马虎，急不得，躁不得，冷板凳还得坐得，一针一线，一缝一合，莫不是手工艺人匠心的生动体现，若非慢工出细活，苏绣又怎能成为中国四大名绣之一呢？

艺圃

慢书房

起始地：

艺圃

路线：

艺圃（游）—宝林寺前（游）—环秀山庄（游）—中国苏绣艺术博物馆（游）—城隍庙（游）—付小姐在成都（食）—慢书房（购）

终点：

慢书房

01 艺圃 >

三天必游 四天必游 五天必游

藏在小巷里的遗世独立之美

在苏州的众多古典园林中，我个人偏爱艺圃，爱它小巧玲珑的精致美，更爱它身上那种遗世独立的美。

艺圃藏在宝林寺前的旧民居中，前往艺圃需要先往西走一小段，然后再往北走上一小段，这就来到了它的面前。艺圃分为住宅、花园两部分。园林以荷塘为中心，建筑沿池塘分布。池北以建筑为主，有博雅堂、延光阁等。池南以山景为主，临池以湖石叠成绝壁、石径，既有变化又较自然。池水以东有乳鱼亭，是明代遗构。

进了门，迎面而来的是一条砖石铺成的甬道，颇具曲径通幽的意境。路边的墙壁上可是拥挤热闹，美国凌霄花、各色月季花在这里攀爬并且争妍斗艳，红的似火、粉的若霞，清香满园，刹那间你会觉得整个园子都变得灵动起来。走过甬道，随即来到一个开阔的院里，墙角随意放着几块湖石，旁边栽有不少叫不出名字来的花花草草，放眼望去，整个园子清新雅致。

走着走着，你就看到了“世纶堂”。堂名为文震孟所起，文震孟是文徵明曾孙。文徵明 54 岁时才参加吏部考试，取为优等，待诏之职为皇帝起草诏书。文震孟在明朝天启二年（1622 年）殿试第一，授修撰之职，官至礼部左侍郎兼东阁大学士……古代中书省的工作被称为“掌丝纶”，如父子或祖孙相继在中书省任职被称为“世掌丝纶”。

尽管明朝废除了中书省，但这一说法还是延续了下来。又有杜甫诗云“欲知世掌丝纶美，池上于今有凤毛”，意思是极为罕见……这便是“世纶堂”堂名的由来。

慢悠悠逛一圈下来，你会发现整个艺圃面积并不大，但亭台楼阁、湖光山色、花鸟鱼虫，园林中该有的元素它都包含。我一直在想，苏州古典园林如此多，为何就偏偏艺圃有着与世隔绝的气质？这个疑惑直至我了解到它的前世今生才解开。园林中有一句话是这样说的，“三代前贤松柏寒”，这是赞美园圃的三任主人袁、文、姜都具有松柏般的刚直气节。

艺圃建于明嘉靖十九年（1540 年），礼科副使学宪袁祖庚修建。后来，袁弃官归隐于此，取名“醉颖堂”。“颖”出自“毛遂自荐，脱颖而出”的典故，“醉颖”其实是藏愚守拙的表现。艺圃的第二任主人是文徵明曾孙文震孟。文震孟官至礼部左侍郎兼东阁大学士，因反对宦官魏忠贤而连遭处罚。后来，文震孟也隐归于此，并改其名为“药圃”。再后来，药圃归山东人姜埰所有，后扩建为“敬亭山房”，取自李白的诗《独坐敬亭山》：“众鸟高飞尽，孤云独去闲。相看两不厌，只有敬亭山。”从袁祖庚到文震孟，再到姜埰，艺圃的三任主人均是看惯世间风云变幻之人，但他们最后都选择了放下执念，回归田园，主人的思想发生了变化，园林又怎能不被主人们的心境所感染呢？

春回小院庭芜绿，又是一年草长莺飞，景可能还是当年的景，可人却再不是曾经的人。漫步在这幽雅娴静的艺圃，有一首诗突然从脑海中冒出来：“今人不见古时月，今月曾经照古人。古人今人若流水，共看明月皆如此。”时光匆匆，岁月无情，还是珍惜当下吧。

苏州市姑苏区阊门内天库前文衙弄 5 号

31、54、501 路公交车到阊门横街站下车，再步行 15 分钟左右到达。或 33、88、262、301、313 路等公交车到儿童医院站下车，再步行 15 分钟左右到达

0512-67271614

7:30—17:00

10 元

02 宝林寺前 >

苏州人挥之不去的乡愁

如果说有一种集体性的情感记忆，能让人为它欢喜为它忧，而且时常无端出现在午夜，出现在梦里，出现在你的回忆中，那这种情感大抵可以叫作乡愁吧。一提到乡愁，余光中那首诗便不由自主浮现在我的脑海："小时候，乡愁是一枚小小的邮票，我在这头，母亲在那头。长大后，乡愁是一张窄窄的船票，我在这头，新娘在那头。后来啊，乡愁是一方矮矮的坟墓，我在外头，母亲在里头。而现在，乡愁是一湾浅浅的海峡，我在这头，大陆在那头。"细细地读这首短诗，无名的惆怅瞬间袭遍全身，仿佛置身在孤寂的秋夜，唯有清冷的月色相伴。

对于苏州人来说，挥之不去的乡愁或许就是渐行渐远的巷弄文化，巷弄里的古建筑、古民居莫不是苏州人传统生活方式的承载。然而随着城市的快速发展，巷弄里的这些古建古宅也在逐渐远去，随着这些古建古宅渐行渐远的，还有苏州人骨子里的淡定从容、雅致情趣……城市化进程过快，究竟是好是坏？渴望更优质的物质生活，却又留恋以往的慢调生活，鱼和熊掌何以二者兼得？面对这个人类共同的命题，想必聪慧的苏州人也是困惑的。

然而，该来的总会来，该走的想留留不住，困惑无济于事，倒不如去宝林寺前转一转吧。宝林寺前及其支巷是苏州巷弄的代表，名人

苏州市姑苏区宝林寺前路（中街路与宝林寺前路交会处散盘）

33、88、204、262、301、313、933、游1路公交车慈济站下车步行约400米

故居尤其多，充满了人文底蕴，虽处小巷深处，但好在酒香不怕巷子深！

宝林寺前是一条非常僻静的小巷弄，在这条不起眼的巷弄里却藏着不平凡的过往，不少文物故地、名人故居、明代园林散落在这儿，于岁月长河中独自发着幽光。

来宝林寺前走访之前我还一直不明白，为何一个巷子的名字这么怪异，直到身临其境，直到和当地街坊邻居有一搭没一搭地闲聊，这才知道了大概。原来宝林寺前之所以叫宝林寺前，就是因为巷子前面有一座宝林寺，原因竟然如此简单，真是苦煞了我绞尽脑汁各种联想和想象。突然觉得，生活啊，有时候还是不要太钻牛角尖的好，思考太多未必有用。如今的宝林寺只剩一处遗址，取而代之的是民居，还有随风肆意飘舞的野草，再不见了宏伟的大殿、慈祥的佛像、响亮的钟声、清净的佛乐……

漫无目的地走进这条小巷，看到南侧有零零散散的几户人家，院门外还有平桥，可惜如今不见了小桥流水，取而代之的是一条小道。放眼望去，弄堂依旧还保留弄堂的模样，不过却越发老旧，不知道它还能在大阔步前进的城市化进程中保留多久……

继续没有目的地走着，走着走着就来到了巷内38号，这里曾经是关帝庙遗址。遥忆往昔那一排排铜钉大门可是壮观至极，就连照墙上的铸铁花纹栏杆也是那样精美……但这些辉煌只属于过去，它在大众的记忆中正慢慢褪色，如今这一带早已成了商品房，这沧海桑田的巨变是该高兴，还是该忧愁，我想每个苏州人心中都自有解读吧！

和关帝庙遗址命运相同的还有清末重臣盛宣怀的故居，盛宣怀是洋务运动领军人物，他曾经出资修建了石路工程，创建了中国第一个电报局……如此风云人物，其宅邸自然也是风光一时，粉墙黛瓦、雕梁画栋、庭院深深、花团锦簇自然是标配，然而时过境迁，随着风流人物的逝去，其气派的宅院也一去不复返。

慢慢行走在宝林寺前，你会发现这里的变化还有很多，不胜枚举。从前的古建古宅，从前的辉煌气派，从前的慢步悠然一一都在消逝，或者已经消逝。如果说岁月是把杀猪刀，那么岁月啊，请你慢点走，至少让这些小街小巷里的文化都一一存储进大家的记忆里吧！至少让大家的乡愁淡一点，再淡一点！

03 | 环秀山庄 >

五天必游

假山“独步江南”

将苏州的古典园林一一看来，你会发现所有园林都少不了假山的身影，这些假山在整个园林造景中起着至关重要的作用。如果单从假山堆叠来点评一座园林的高下，狮子林和环秀山庄必然会脱颖而出，但在苏州人看来，这二者中环秀山庄又是最为惊艳的。

环秀山庄位于景德路上，全园占地面积 2 179 平方米，以假山为主。这里的假山堪称中国之最，历来就有“独步江南”之美誉。别看园子不大，甚至可以说是迷你版园林，但赢就赢在气势大开大阖。能在咫尺之间用假山叠出千里之势，这气势可不是谁都能比拟的。

来到环秀山庄，你会发现主厅就是一座质朴的四面厅，整座厅以暗红为主色调，暗红色的门扉，暗红色的雕花桌椅……如此古朴低调的色彩非但没有显示出半点老旧，反而由内而外散发着内敛的优雅气质。

我想，四面厅之所以如此低调，除了本身追求雅致之外，还有一点就是避免喧宾夺主，因为坐在四面厅里，你可以一眼望到整座假山，外面的假山已经秀色可餐了，室内装饰布置又何必过于繁华艳丽？

苏州市姑苏区景德路 262 号
游 1 线、3、46、701 路公交车可达
0512-65816805
8:00—17:00
15 元

这座假山绝对是环秀山庄的精华，虽然占地不过300多平方米，然而却气象万千。假山由多孔的太湖石堆叠而成，虽是人为却宛如天成。更让人拍案叫绝的是，这座假山既有山峰，又有沟壑；既有幽谷，又有小径；既有悬崖，又有绝壁；既有绿树掩映，又有池水环绕……山林中该有的景物这里一应俱全，且境界多变，一如天然。山虽不高，却气势磅礴，可远观亦可近赏。站在这假山面前，幻觉迭起，我是在看一座假山吗？但为何那山那水那树那花却是那样真实可触？假作真时真亦假，站在这“独步江南”的假山面前，我彻底沦陷了、恍惚了，早已分不清真假。

提及环秀山庄无以复加的假山，自然离不开这座假山的缔造者戈裕良。戈裕良是清代造园大师，生于乾隆二十八年（1763年），因家境贫寒，少年时就去帮人造园叠石。由于经常有外出采购石料的机会，从而让他看遍了大美河山。耳濡目染之间，这个穷小子也胸中有丘壑。

得益于自然这位大师，戈裕良所叠假山莫不真切，形神皆备。其独创的“钩带法”叠石技巧更是千古一绝，使峭壁崖石浑然一体，既真实又坚固。无怪乎清代著名学者洪亮吉写诗赞誉：“奇石胸中百万堆，时时出手见心裁。”更无怪乎园林大师陈从周称：“造园者不见此山，正如学诗者未见李杜，诚占中国园林史上重要一页。”

一座假山能赢得后人如此盛誉，戈裕良之后，我想无人能出其右吧！

04 中国苏绣艺术博物馆 >

有一种美，叫苏绣的美

三天必游 四天必游 五天必游

世间有一种美，叫苏绣的美。至于苏绣究竟有多美，我说了不算，且看《清秘藏》是如何描述的："宋人之绣，针线细密，用线一、二丝，用针如发细者为之。设色精妙，光彩射目。山水分远近之趣，楼阁得深邃之体，人物具瞻眺生动之情，花鸟极绰约底馋唼之态，佳者较画更胜。"比画还美的刺绣，那真是美啊！

有人说吴都古地的历史有多久，苏绣的历史就有多悠久，这还真不是夸耀之词。苏绣历史源远流长，迄今已有 2 000 多年历史。苏绣在明代就形成了"精细雅清"的地方特色，在清代更是达到鼎盛，形成了图案秀丽、色彩典雅、针法活泼、制作精细的独特风格，成为中国四大名绣之一。不过，要想深入了解苏绣这门精巧绝伦的刺绣艺术，还是得去中国苏绣艺术博物馆才行。

- 苏州市姑苏区景德路 274 号王鏊祠内
- 33、88、204、262、301、313、933 路公交车到儿童医院景德路院区站下车，步行即到
- 0512-65225756
- 5 元

中国苏绣艺术博物馆现位于景德路王鏊祠内，馆内主要展出了从西汉至元代的绣片、绣件的实样，有历代珍贵绣品200多件。其中主题陈列分宫廷刺绣艺术、民间刺绣艺术两部分；近代绣品室则重点陈列了素有“绣圣”“针神”之美称的刺绣艺术大家沈寿的杰作。

当你来到第一大厅门口时，首先映入眼帘的便是鸿篇巨制——《姑苏繁华图》，这幅刺绣描绘的是阊门一带十里繁华的景象。这是一幅长4米、宽0.33米的刺绣长卷，据介绍说上面运用了接针、套针、缠针、铺针等10多种针法，500多种色线……再细细端详这幅作品，只见鳞次栉比的店铺古色古香；出游的官员随从众多，用具奢华，排场着实不小；还有新郎新娘向双亲参拜的画面呢……这何止是一幅刺绣，还是一幅苏州风物画呢，仅用一针一线便能纤毫毕具地呈现出苏州的风土人情来，这刺绣功力不可谓不深厚！

来到明清刺绣品展览室时，皇帝的龙袍、皇后的百子衣、官服的补子、腰间的佩饰褡裢、荷包、镜套、床挂等一一收入眼中，莫不典雅秀丽。尤其是皇后的百字衣更是珍贵，这是北京定陵出土的孝宗皇后华服的复制品，那百子图真是绝了。据说先要把黄金打成薄薄的金箔，接着裹上细细的蚕丝做成金线，然后再用一圈圈的纯金金线盘起……想一想这工艺真是够复杂的，但是看在眼里却是那样赏心悦目！

漫步在中国苏绣艺术博物馆，估计你的目光是不够用的，各种各样的苏绣作品真能看花你的眼。从帝后服饰到戏曲演出服，从被面到枕袋帐幔，从香囊到扇袋……大大小小应有尽有，莫不逼真，莫不精致！

05 城隍庙 >

四天必游 五天必游

感受民间信仰的力量

城隍又称城隍神、城隍爷，是中国宗教文化中普遍祭祀的重要神祇之一。这个神位不是凭空而来，也不是修仙得道而来，是正儿八经为当地百姓做好事做善事而来，百姓感其恩德，于是封其为城隍神。因此城隍神也可以说是中国民间守护城池之神。

和许多城市一样，苏州也有这样的城隍庙，就在景德路上，离观前街不远。苏州城隍庙始建于明朝洪武年间，距今已有600多年的历史，供奉苏州府城隍神——春申君黄歇。由于春申君在苏州治水有功，所以苏州百姓封他为城隍，该庙曾是苏南地区最大的城隍庙。早就听闻苏州城隍庙有两大宝贝：一是“工字殿”，号称全国保存至今、为

苏州市姑苏区景德路94号（观前街察院场路口）
0512-65155897
8:00—19:00
10元

数不多的明初城隍庙古建筑；一是《苏郡城河三横四直图说》碑。冲着这两大宝贝，我慕名而来。

来到城隍殿前，瞬间被这红漆建筑所吸引，“城隍庙”3个鎏金大字一笔一画书写，有雅正之风，颇为契合城隍爷一心一意为民造福、佑城平安的气质。透过半开的门扉向里望去，两盏灯笼散发着柔和的光，灯笼上有一副短小精悍的对联，上联是“毫厘不爽”，下联是“乘除分明”，横批是“不由人算”。毫厘不爽的“爽”可不是爽快的意思，而是差错，形容一点也不差。城隍为护国佑民之神，其职能是护城佑民、惩恶扬善、判定生死、祛除灾厄、赐人福寿等。这副对联体现的大概就是这个意思。

城隍庙大殿由前后两殿组成，中间贯以穿堂，平面呈“工”字形，这就是大名鼎鼎的“工字殿”。“工”字上面那一横是一间高大森然的建筑，中间供奉着城隍爷。粗壮的殿柱上依然少不了对联：“到此间摸着心头倘能有善必为，何用你烧香点烛”“莫外出付诸脑后依旧无恶不作，休怪我差鬼使神”，不得不说城隍爷的地盘就是厉害啊，对联都可以让人寒毛直竖。如果你仔细看，梁上还有一把大大的算盘，让人不由自主想起《红楼梦》里的一句话：“机关算尽太聪明，反误了卿卿性命。”你可千万别以为这把算

盘放错了地方，城隍爷这把算盘可是打得漂亮呢，暗地里给大众敲着警钟。

“工”字的一竖是横亘在两殿之间的穿堂，供奉着月下老人，有对联：“愿天下有情人都成了眷属”“是前生注定事莫错过姻缘”。依然还是单身的我，势必也要拜一拜，不在乎是否灵验，只求个心理安慰吧。至于“工”字下面的那一横则是娘娘殿，供奉着王母娘娘。

作为民间信仰，城隍庙自然少不了要记载当地的人文风物，立于清嘉庆二年（1797 年）的《苏郡城河三横四直图说》碑便发挥着这样的功能。这块石碑正面镌《重浚苏州城河记》，上面记载着清嘉庆年

间吴中官绅商民募捐筹款，全面疏浚苏州城内河道的始末。背面绘刻苏城河道图，显示以“三横四直”七条贯穿全城的干流为主的河道分布体系，并以传统的立面画法在平面图上标出城垣及重要桥梁、寺观、衙署的位置，较准确、形象地反映出清代中叶苏州河道纵横、桥梁密布的水城风貌。图的上部刻有《苏郡城河三横四直图说》，长达1 200多字，详述了“三横四直”的起止分合，纠正了方志所载的某些谬误，补充了史书记述的部分缺漏……待你耐心看完这块石碑，你便对古代苏州的城市布局有了大致了解。

整个城隍庙虽然不大，但却充满了志趣，在这你既能感受到浓郁的民间信仰力量，又能补充大量的苏州地方历史文化知识，确实是个值得慢慢品读的地方……

06 付小姐在成都 >

苏州最好吃的成都串串

要说小吃美食，从南到北，从东到西，那是五花八门、琳琅满目，你既看不过来，也吃不过来。在这林林总总的小吃美食中，有一款以麻辣为特色的成都串串大受欢迎，就因为麻，就因为辣，火速走上了全国的大街小巷。这还不要紧，关键是食客们明明被这麻辣弄得面红耳赤，甚至一把鼻涕一把眼泪，竟然还要给这麻辣串串做宣传，明明前一脚吃伤了，可一周不见便思念、抓狂。一种美食能让食客如此钟情，也是登峰造极了。

麻辣串串自古出在“少不入川”的四川，然而在今日的苏州城也能常见到它们的身影。这不，一家名叫“付小姐在成都”的风味串串店就落户苏州景德路啦。一向以接地气著称的风味串串安身在一向以阳春白雪著称的雅致之城，这是怎样的混搭画面？听的是评弹小曲，撸的是串串，想来也真是够热闹！

苏州市姑苏区景德路与学士街交叉口（苏州中医药博物馆旁）
33、88、933 路公交车在儿童医院景德路院区站下车
0512-67299832
11:00 至次日 2:00
人均价格：76 元

还别说，对于成都串串，苏州人还是很欢迎的，看看店里长龙般的队伍便知一二。付小姐在成都串串店是一栋两层的建筑，和别的黛瓦白墙建筑不同的是，这里还融入了大红色的元素，大红色的门扉、大红色的窗格，一如红红的辣子和汤锅，还没有进店，就被这火辣的颜色挑逗起来。远远地看这栋房子，还真像被辣得哭笑不得的脸庞。

进入店里，耳朵便臣服在了赵雷那首民谣中，一曲《成都》让一个默默无闻的歌手红遍大江南北，也是一大幸事吧！沉浸在歌曲的旋律中，再加上飘香四溢的香辣味，一不小心还真以为自己是走在玉林路上。放眼望去，整个店内墙壁是清一色的青石板，视觉上感到非常凉快，绿植鲜花随处可见，总体来说还算雅致。找一个靠里的位置坐下，然后就是坐等冒着热气的串串上桌啦。

当红艳艳的汤锅端上来时，众人都尖叫起来，串串的魅力就是大！除了串串外，这里的老妈蹄花、重庆小酥肉、琅琊土豆、跳跳蛙、红糖糍粑都是不容错过的美味。老妈蹄花炖得很烂，软糯可口，满满的胶原蛋白！重庆小酥肉香脆至极，一口小酥肉，一口麻辣汤汁，真带劲。琅琊土豆是现炸的，还加了芝麻，咬一口脆脆的，再来一口，够味道。爱吃甜食的朋友有福了，这里的红糖糍粑不仅加了花生粉，还炸得恰到好处，吃上去甜甜的，也不觉得油腻。最后，怎么能落下甜甜的冰粉呢，冰粉上面还撒了不少芝麻果仁，有冰凉的口感，又有坚果之香，一大勺下肚，顿觉沁心凉，怎一个爽字了得！

07 | 慢书房 >

慢是一种遗失的美好

从前的日色变得慢

车，马，邮件都慢

一生只够爱一个人

……

读木心的《从前慢》一诗，不由得鼻子一酸，慢下来是多么美好的一件事！因为慢，你会看到更多内心独白；因为慢，等待才变得更有意义……然而不知从何时起，慢被快代替，无论男女老少，无论赶火车、地铁还是飞机，所有人脸上都写着要快，要快，要更快！在以速度为评判标准的当今社会，慢似乎已经没有了存在的意义。然而真是如此吗？不，一定还有别的声音在抗议，并说慢并不代表低效，相反，慢是一种心境，大智若愚的心境。

对，慢还是一种遗失的美好，你愿意放慢脚步来体会这份美好吗？如果你的答案是 yes，那么慢书房已经为你准备好了一切，就等着你来

苏州市姑苏区碧凤坊蔡汇河头 4 号

178、202 路公交车在醋坊桥观前街东站下车

0512-67225011

10:00—22:00

“再续前缘”。慢书房，顾名思义就是一家倡导慢调生活的实体书店，就在姑苏区的繁华地带，创办理念便是为爱书人提供一个文化空间。一看便知老板定是个有情怀之人，如此纯粹的事情唯有有情怀之人才会去做，并且甘之如饴。

走过人山人海的观前街，走过青石板巷子，当从一整面落地窗中看到你自己的身影时，慢书房就出现在了你的面前。从外观看来，慢书房略显朴素，一副素面朝天的模样，最让我动心的便是这一整面的玻璃墙，从外面一眼可以看到满架的书籍；而这满架书籍在扮演风景角色的同时又发挥了屏风的阻隔作用，保护着室内阅读者的隐私，真乃一举两得。

轻轻地推门进去，只见满屋子都是书，中间则是简约的宜家桌椅，大家要么一起坐在长桌边上认真阅读，要么独自一人抱着书籍在角落沉思……安静是这里的主旋律，咖啡香是这里的调味剂，这正是一个书房应该有的样子。

在慢书房，不仅讲究书籍本身的内容，还会考虑书籍的装帧设计以及出版社的口碑和格调。据说慢书房有一个传统，就是手抄《小王子》，中文版抄完了，那就抄英文版。因为在小王子的世界里，世界永远是纯真的。在慢书房，每隔一个周六会举办一次读书会，把真正爱书的人聚在一起，共享书香文化。当然，最重要的是，在慢书房你便是主人，可以拆封还未拆封的书籍，买与不买都没有关系。

难怪慢书房敢于自称是“江苏最美书店”，它的美不在别处，在内心深处。在慢书房慢下来，给思考留点时间，给自己一片宁静。管它外面喧哗热闹，关上门拿本书，从容享受独属自己的静谧时光。如果说全世界都在拼快，那就让自己慢下来；如果说慢是一种逆流而行的“错误”，那我宁愿一错再错……

ORIGINALS

在苏州街头寻幽探古

这条线上可看可逛的不少，漫步在这里，三步两步就是名人故居，你也许错过了叶圣陶的家门，但没准你就闯入了况公祠。

在僻静的园林与静默的街道里回味苏州

当走马观花的旅行方式不再满足你的好奇心时，不如换种方式，比如寻幽探古，没准在某个街角你就遇见了让你怦然心动的人或物。以十全街为主轴的这条路线，可以说是苏州味道最为浓厚的地方，小街道沿河而居，安静低调。虽是街巷，却与观前街迥然不同，如果说观前街充满了商业气息，那么十全街便是文艺气质担当。

十全街尽管静默无言，但却藏着诸多你意想不到的园林，诸如网师园、沧浪亭等；也藏着诸多名人故居，诸如叶圣陶、沈德潜等的故居；还有诸多你意想不到的外事宾馆等。尽管这条街道历史人文底蕴如此深厚，但客流量却远远不及其他商业街，不知是街道本身在物质横飞的日子里逐渐走向了落寞，还是人自身浮躁到没有闲暇时间追求深刻！不管如何，只要还有念念不忘的来者，寂寞的街道就会一直拥有春天。

这条线路里面依然涵盖了园林，那就是网师园和沧浪亭。如果你之前就看了不少园林，那也没有关系，再多看两个也无妨，看完之后估计你会说原来这才是苏州园林最本真的样子，小而精致，清静风雅，最适合在里边喝着清茶，乘着微风，然后醉梦一场！

况公祠

十全街

起始地：

况公祠

路线：

况公祠（游）—江苏巡抚衙门旧址（游）—沧浪亭（游）—沈德潜故居（游）—网师园（游）—同得兴（十全街店）（食）—十全街（游）

终点：

十全街

01 | 况公祠 >

十里苏堤送况公

现代有十里长街送总理，这个妇孺皆知。可你是否还知道，早在明代便有了十里苏堤送况公的盛况？这里的况公不是别人，正是况青天，也就是著名戏曲《十五贯》里的大清官况钟。

况钟，江西靖安县人，明宣德五年（1430 年）出任苏州知府，他是一位雷厉风行的“狠角色”，都说新官上任三把火，他这把火烧得可是惊天地泣鬼神。一上任便实行铁腕政策，大力改革弊政，削减重赋，减免苛徭，设仓济农，兴修水利，积极平反冤狱，除暴安良，扩建府学县学，奖励人才……

一切努力都是值得的，百姓都尊称他为“况青天”。9 年后，况钟任期已满，但苏州人民不干，两万多位民众联名向上级官员张文昌上书，乞求况钟连任。有儒生专门写下歌谣：“况青天，朝命宣。早归来，在明年。”可以想象一下，几万名百姓奔走相告、哀求留任是怎样的画面，就连皇帝都被感动了，下诏让况钟留任。不知道况公当年是否也感动得一把鼻涕一把眼泪，一步一回首，我想那画面应该比电影还要精彩。

况钟一生为官清廉，吃住都十分简朴，有他写的诗为证：“检点行囊一担轻，长安望去几多程？停鞭静忆为官日，事事堪持天日盟。”就连他病死后，丧事还是太湖人士出资为其操办的，足以见得“天下第一剧繁难治”的苏州知府到底有多清贫。

在苏州道前街西美巷有一座况公祠，清道光六年（1826 年）专门为了纪念况公所建，况钟曾于丁忧期间在此读书会客。所谓丁忧就是根据儒家传统的孝道观念，朝廷官员在位期间如若父母去世，无论此人担任何官何职，从得知丧事的那一天起，必须辞官回到祖籍，为父母守制 27 个月。

苏州市姑苏区西美巷 31 号
602、305、38、89、50、502 路公交车可达
免费

这是一幢古朴的老宅，青瓦白墙，土黄色的门楣，不知这门楣原本就是这个颜色，还是在沧海桑田的巨变中暗淡了。但老宅并不破旧，反而具有年代的故事感。况公祠现存的建筑有享堂、戏台、船厅等，可惜当日去拜访时大门紧闭，未能入内，颇有些遗憾。

据说里面有一副这样的对联：“一肩行李试问封建官场有几”“两袖清风且看苏州太守如何”，如此点评，可谓一针见血、主旨鲜明。倘若况公并非如此清廉，一心为民，又怎能感动天、感动地、感动整个苏州的人民呢？他死后，苏州人民痛哭罢市。他的灵柩从运河运回故里时，更是十里苏堤都站满了泪眼婆娑的百姓，这场面估计也是前所未有吧。自那以后，苏州人有了家中立况钟牌位祭祀的传统习俗。

02 江苏巡抚衙门旧址 >

昔日衙门今日学府

但凡有远见和谋略的城市，都懂得改造旧建筑，使其适应现代生活，让其焕发新姿。在苏州不乏这样的例子，比如江苏巡抚衙门旧址，昔日是地方最高行政长官居住和办公的地方，而今摇身一变，成了苏州卫生学校。乍一听巡抚衙门和学校似乎风马牛不相及，不过同样都是为民造福，而且充分利用了古建，这也是好事一桩。

巡抚衙门又名巡抚都御史台，别称抚台衙门。明代开始，专设巡抚为地方最高长官，清代正式以巡抚为省级地方政府长官，总揽一省军事、吏治、刑狱等，直接向朝廷汇报。明宣德五年（1430 年）置应天巡抚，驻苏州府；清康熙六年（1667 年）建立江苏省；乾隆二十五年（1760 年）设立江苏巡抚，专辖苏州、松江、常州、镇江四府和太仓直隶州，仍驻苏州府。

苏州市姑苏区书院巷 20 号
地铁 4 号线三元坊站 1 口出即到
¥ 30 元

江苏巡抚衙门旧址位于书院巷20号，现在是卫生学校校址。如今所看到的一些巡抚衙门建筑乃卫生学校募捐修建而成。在仪门你可以看到两侧的墙上刻有历任江苏巡抚名录，比如，“李鸿章，同治元年至同治四年……计215位巡抚曾执事其间”。二堂现在是江苏巡抚衙门旧址陈列展览室。来鹤楼现为校行政办公楼。楼西侧是新修的曲廊，廊上有石刻，依次是周忱、况钟、海瑞、张伯行、汤斌、宋荦、林则徐、梁章钜、程德全……上面还有他们的头像和简介。据记载，江苏巡抚衙门旧时规模恢宏，有堂、厅、斋、楼、馆等，至于究竟有多辉煌，如今也只能凭借联想和想象了。

漫步在这仿古的建筑里，看着熙熙攘攘、谈笑风生的学生，再想想这里的曾经，一时间竟有些恍惚。

江苏巡抚衙门

03 沧浪亭 >

最是风雅沧浪亭

三天必游 四天必游 五天必游

历数苏州的古典园林，最为风雅者莫过于沧浪亭。一句“清风明月本无价；近水遥山皆有情”就像一粒石子砸入了我的心湖，随着涟漪散开的还有我的无限遐思。最初知道沧浪亭，其实是从芸娘嘴里得知。芸娘被大作家林语堂誉为中国历史上最有趣的女子，她是沈复《浮生六记》中的女主人公，一个才情兼备又懂得生活情趣的女子。芸娘和丈夫沈复二人伉俪情深，他们就住在沧浪亭旁，闲暇时经常会去沧浪亭散散步，吟诗作对一番。这么有雅兴的夫妻常去的地方大抵也是充满了雅趣吧，自那以后，沧浪亭就占据了我内心最深处、最柔软的一角。

沧浪亭就在城南三元坊，与狮子林、拙政园、留园并称为苏州四大园林，代表着宋朝的艺术风格，是现存历史最为悠久的江南园林。沧浪亭原为五代十国时期中吴军节度使孙承祐的池馆，后来废园被宋代著名诗人苏舜钦以四万贯钱买下，重新修建。因苏舜钦感于“沧浪之水清兮，可以濯吾缨；沧浪之水浊兮，可以濯吾足”，于是为其题名“沧浪亭”，苏舜钦自号沧浪翁，并作《沧浪亭记》。欧阳修应邀作《沧浪亭》长诗，诗中以“清风明月本无价，可惜只卖四万钱”题咏此事。

最是风雅沧浪亭！风雅在哪儿，就在那盈盈一水间。自古山无水则无媚，灵动更无从说起。当你快要靠近沧浪亭时，最先扑面而来的不是花鸟鱼虫、亭台楼阁，而是一片开阔的水面，这水不仅开阔还悠长。别的且不说，有了水湖光山色自然就有了，天光云影共徘徊也有了，小桥流水人家的韵味也出来了，盈盈一水间脉脉不得语的情感牵挂自然而然也有了……难怪大诗人苏舜钦会选择此处作为诗意的栖居，也难怪沈复、芸娘夫妇会如此喜爱这个地方，有梧桐就有凤鸟，有水就有诗情画意，此话不假！

最是风雅沧浪亭！风雅在哪儿，就在那蜿蜒如带的复廊间。复廊又称“里外廊”，也就是在双面空廊的中间隔一道墙。复廊一般出现在长廊的两边都有景物可赏，且景物各有特色的园林空间中。沧浪亭的复廊堪称古典园林中的经典之作，妙就妙在借景。这儿的复

苏州市姑苏区三元坊沧浪亭街 3 号
游 2、游 4、游 5 、1、5、27、30、39、101、102、103、218、261、308、309 路公交车均可到达
¥ 旺季 20 元（4 月 16 日至次年 10 月 30 日），淡季 15 元（10 月 31 日至次年 4 月 15 日）
7:30—17:30（4 月 21 日至次年 10 月 20 日）；7:30—17:00（10 月 21 日至次年 4 月 20 日）

廊像是一位睿智的月老，把园外的水和园内的山凑到了一起，然后组成了一个“好”字，从而有了“近水远山皆有情”的千古佳景。

最是风雅沧浪亭！风雅在哪儿，就在那半开半合的漏窗间。沧浪亭的漏窗在所有的苏州园林中都是值得大书特书的，全园漏窗共108式，不仅数量多，就连图案花纹都是变化无穷、无一不雅，其中最得我心的是冰裂纹漏窗。冰裂纹具有多重文化含义，可以标榜文人冰清玉洁的品格，也可以象征对春日的期盼。暂且抛开这些深层内涵不说，外观上也是可圈可点，尤其是当阳光射进来时，影影绰绰的意境甚是雅致可人。沧浪亭的漏窗多集中在复廊之间，当你漫步复廊时，透过墙上千变万化的漏窗便能尽收山水之趣，真是一大享受。

最是风雅沧浪亭！风雅在哪儿，就在那清瘦无言的绿竹间。苏东坡曾说“宁可食无肉，不可居无竹”，可见竹在文人雅士心中的分量。沧浪亭对竹子甚是偏爱，有馆三间，名为翠玲珑，取“日光穿竹翠玲珑”之意。翠玲珑四周遍植翠竹，放眼望去，真是满眼的绿色，各种层次的绿。布满美丽斑纹的湘妃竹、浓荫满地的哺鸡竹、青翠水灵的水竹，认识的不认识的应有尽有，共计 20 多种竹子。置身此间，不闻风吹自有清凉之意。若是有风骤起，倍添情趣，只见万竿摇动，翠叶沙沙作响，俨然如鼓琴瑟，闻之绕梁三日而不绝于耳。

最是风雅沧浪亭！风雅在哪儿，就在那一水间，就在那复廊间，就在那漏窗间，就在那绿竹间，就在文人雅士的心间，就在最可爱的女人芸娘口中……

04 | 沈德潜故居 >

非常之人非常之遇，成也诗歌败也诗歌

有着 2 500 多年建城史的苏州从来不缺少名人，在这些名人中，有一位比较特殊，原谅我用戏剧化来形容他，因为他的人生实在太戏剧了，既有喜剧的一面，又有悲剧的一面，真是尝尽了人间滋味，这个人便是清代诗人沈德潜。

在苏州有一处沈德潜的故居，就在阔家头巷最西边的 26 号。里面共有三进，第二进挂着乾隆的御笔“诗坛耆硕”匾；最后一进大厅高悬着“教忠堂”匾额，两壁挂着沈德潜生平简表。除此之外，你可能看不到其他和沈德潜相关的东西，因为这里如今变成了昆曲爱好者学习、聚会、演艺的场所。尽管故居本身没有太多值得可看的，但里面有一副对联挺有意思，值得细细体会。“特承宸藻褒耆硕，满载恩波狎鹭鸥。”意思是一位有才的花甲老人被皇帝捧在手心来宠爱，然而

苏州市姑苏区带城桥路阔家头巷 26 号
204、511、47、501 路公交车网师园北站下车可达

因为尽享皇帝的恩宠，就忘了天高地厚。这对联一语成谶，沈德潜虽极为受宠，最后却落得个开棺斫尸的悲惨结局。

可以说沈德潜的一生都是故事。在中国文学史上，你可能再也找不出这样戏剧的人和事了。沈德潜大器晚成，从 22 岁参加乡试起，一共参加了 17 次科举考试，最终在他 67 岁时中了进士。因为同样爱诗的缘故，花甲之年的他和乾隆皇帝结下了“高山流水”之情，皇帝不仅不断给他擢升，还时不时赐诗给他，称他是“江南大诗翁”“朕之老诗友”，甚至称沈德潜是“非常之人然后有非常之遇”……

《苏州市志》所载：“沈德潜故居即教忠堂，在带城桥南阔家头巷。沈德潜是清代著名诗人，官至礼部侍郎。故居坐北朝南，现存照墙、门厅、大厅及贯穿前后的东备弄，占地约 480 平方米。大厅面阔 3 间 10.8 米，进深 10.6 米，前置鹤颈轩，扁作梁，雕饰棹木，楠木步柱，青石鼓墩，尚存清代前期建筑风格。原轿厅、两进楼厅和后园已废。”《江苏省通志稿古迹志（苏州府）》记载：“沈德潜宅，在元和县阔家头巷，有教忠堂，内悬御赐匾额。又有九赉阁，在葑门外竹墩庄，赐序、赐诗并佛龛，供御（御）赐金佛。其为早年所居者，曰竹啸轩，在木渎。”可以看出当年沈德潜宅邸的规模。可惜年长日久、沧海桑田，沈德潜的故居已远没有当年的辉煌，目前的沈德潜故居只剩一小部分，轿厅、两进楼厅和后园均已不复存在。

05 网师园 >

三天必游 四天必游 五天必游

园林中的国画小品

苏州市姑苏区带城桥路阔家头巷 11 号

204、511、47、501 路公交车到网师园北站下车即可

8:00—17:00（日间），17:00—22:00（夜间）

旺季 30 元，淡季 20 元

苏州古典园林是一个让人心旌摇曳的地方，比如我们马上要说的网师园，是国画小品般的清新写意，会让来到园中的人感到自然随意、无拘无束。

网师园的造园历史可追溯至 800 年前，南宋绍兴年间，侍郎史正志因反对张浚北伐而被弹劾罢官，南宋淳熙初年（1174 年）退居姑苏时筑园，因府中列书 42 厨，藏书万卷，故名“万卷堂”，对门造花圃，名为“渔隐”，植牡丹 500 株。整个网师园现在以池水为中心，由东部住宅区、南部宴乐区、中部环池区、西部内园殿春簃和北部书房区等五部分组成。网师园虽然面积不大，但园内有园，景外有景，素以建筑精巧和空间尺度比例协调而著称。清代著名学者钱大昕评价网师园："地只数亩，而有行回不尽之致；居虽近廛，而有云水相忘之乐。"

走近了看，你会发现网师园就像一个羞答答的姑娘，静悄悄地躲在一条幽静的胡同里，而这胡同里生活着地道的苏州人。顺着胡同一直往里走，你就会看见网师园伫立在那儿，宛如倚门回首嗅青梅的女子，当真是清新脱俗。早就听闻网师园的引静桥和殿春簃妙不可言，进了大门我就直奔主题而去。

引静桥俗称"三步小拱桥"，长只有 2.45 米，宽不足 1 米，三步就跨过去了。这桥真是够小，堪称苏州园林中最袖珍的石拱桥。你别看这桥小，可桥上的石栏、石级、拱洞一样不落，甚至桥面还有活灵活现的牡丹浮雕呢。桥下有溪流名曰"槃涧"，溪名取自《诗经》"考槃在涧，硕人之宽"，槃涧象征着山林隐居。小溪两岸是随意堆叠的小景，放眼望去，只见陡崖耸立，藤蔓乱爬……站在这三步小桥上环顾四周，如画风景款款而来，当真是春有百花秋有月，夏有凉风冬有雪，就连一天之中朝午夕晚的景色都各有千秋。不得不佩服造园者的匠心独运，如此弹丸之地竟然可以造出如此山水真趣。

至于殿春簃，更是名声在外，中国古典园林在世界舞台崭露头角就是殿春簃的功劳。当你见到书有“潭西渔隐”的小门时，你就来到了殿春簃。“簃”原意指高大屋宇边用竹子搭成的小屋，“殿春”指春末。殿春簃曾经是芍药圃，每到花开季节，那烂漫景致真让人心动。四下环顾一圈，只见院里依旧花团锦簇，落英缤纷，美不胜收！

殿春簃小院也是小而精致的感觉，占地仅600多平方米，景观却很丰富。小院分南北两个空间，北部是书房，屋后有天井。南部是院落，院里有山石、花木、清泉、半亭，十分雅致。此外还有小轩三间，莫不窗明几净。窗外有一树芭蕉，数枝翠竹，芭蕉的肥和翠竹的瘦相互映衬。若是逢上下雨天，可以倚窗听雨打芭蕉；若是清风徐来，可以倾听风吹竹林的声音……

难怪江南多才子文人，难怪文人来了江南更是文如泉涌……也难怪1979年美国纽约大都会博物馆以殿春簃为原形建造了中国式庭院“明轩”，从此之后，中国园林闻名于世。不入园林，怎知春色如许？不入网师园，怎知清雅可人？若可以在这里小住一月，将是怎样的幸福？

06 同得兴（十全街店）>

吃了这碗面才足以聊人生

一说到面，首先浮现在你脑海里的是什么？北京的炸酱面，西安的油泼面，岐山的臊子面，兰州的牛肉面，还是敦煌的驴肉黄面……不管是什么面，或许在大部分人看来都离不开北方这个区域概念。北方以面食为主没错，但这不能说明别处的面就得逊色几分。

同样，苏州人也爱吃面，而且只吃夹带汤汁的细面，和喜欢嚼劲带味的北方人不同，苏州人和其他南方人一样，更讲究面条是否顺口弹牙。苏州的面主要分白汤、红汤和葱油拌面 3 种，再佐以不同口味的浇头，那味道真是丰富极了。那么问题来了，偌大个苏州，哪家的面更胜一筹呢？就我吃过的来说，十全街上的同得兴还是挺不错的，那真是吃了还想再吃……毫不夸张地说，吃了这碗面才足以聊人生呢。

同得兴就在十全街的河边，是一个古色古香的门楼。门边还贴有红底金字的福禄寿喜装饰画，匾额上写着“同得兴”3 个字。有趣的是

苏州市姑苏区十全街 624 号（近凤凰街）
0512-65165206
7:00—13:00
人均价格：35 元

匾额上方还戴了朵大红花，有一种莫名的喜感，让我想起了电视里迎亲的高头大马，马的额头上也会戴一朵大红花……

进门后径直往二楼走，为什么直奔二楼呢？因为这里风景独好啊！家具清一色是仿古中式，看着十分雅致，但最惊艳的还是窗外的风景。探出脑袋去你会发现身边就是地道的江南风光：抬头是碧瓦蓝天红灯笼，低头是小桥流水人家，水面还时不时有船家飘过……光是风景就足以让人饱餐一顿了，更何况这里的美味呢？

来了同得兴，必点金字招牌白汤面和枫镇大肉。等面条一端上来，原谅我眼睛都开始发光了。只见蓝白瓷碗里面盛着满满的一碗面条，汤汁清澈见底，果然是白汤。重点来了，整齐的面条上面放着一块肥瘦相间的猪肉，周边还撒上了翠色诱人的葱花，闻着喷香，我已经垂涎三尺啦，唯有大快朵颐才是正确的打开方式。

先挑上细面条安慰一下我饿坏了的胃再说，面条软硬适中，几筷面条下肚顿觉舒服惬意；紧接着再咬一大口白花花的肉，原以为得嚼上几口才能吞下去呢，却不曾想这肉竟然入口即化，而且肥而不腻，十分入味，这个真是意外惊喜；最后再喝上几口清汤……

一时间舌尖上荟萃了面条的麦香、大肉的肉香、汤汁的清香，味道回味无穷。反正也不赶时间，索性就坐在窗边慢悠悠地细细品味吧。啜一口汤，吃几根面，咬几口肉，咂咂嘴，看看景……所谓幸福的模样，不就是眼前这样吗？

07 十全街 >

最有苏州味道的老街

不知从何时起，我每到一个城市，越来越喜欢逛一些有味道的老街，比如说苏州的十全街。如果说平江路给了我小资情调，观前街给了我繁华热闹，宝林寺前给了我怀旧气氛，那么十全街便给了我苏州特有的味道，那是从骨子里散发出来的光芒，安静从容、不慌不忙、不浮不躁……漫步在这里，整个人都是与世无争的清冷姿态。

十全街原名十泉街，《沧浪十八景图咏》一书有所记载："相传淳熙年间，江南大旱，里人造井于此，竟得十眼，涓涓然、晶晶然，冬暖夏凉，不溢不竭，于是众人喜而旱魃去。街因泉兴，泉因街名，十泉街之名自此远播矣。”后来变为十全街则和乾隆皇帝有关，乾隆皇帝南巡曾从这里上岸，其场面自然是锣鼓震天、普天同乐，因乾隆皇帝自号“十全老人”，于是改十泉为十全。

十全街是一条东西向的老街，依旧保持着“水陆并行、河街相邻”的江南水乡格局。它东起葑门桥，西至人民路三元坊口，全长 2 千米，街道两旁遍植法国梧桐。这条街上有各种特色小店、餐饮酒店、古典园林、知名大学等。不过要说十全街的特色在哪儿，那便是桥多、梧桐树多、名人故居多。

苏州市姑苏区沧浪亭北首
47、游 2 路公交车到三元坊（十全街）站下车，或 204、501、511 路公交车到网师园北站下车
全天
免费

叫得出名字的桥就有8座：砖桥、吴衙桥、星造桥、带城桥、船场桥、乌鹊桥、福民桥、帝赐莲桥，每座桥都是古色古香，想必每座桥都藏有各自的光阴故事。

十全街的第三个特点便是名人故居多，清代祖孙状元彭定求、彭启丰，国画大师、书法家张大千，赵子云、冯梦龙、叶圣陶等很多名人都曾寓居于此。在这些故居中，彭家大宅最具代表性。彭家被称为苏州四大家族之首，其子孙彭定求和彭启丰更是创造了祖孙同为状元的奇迹，由彭定求主编的《全唐诗》至今仍是学校的推荐读物。据统计，在清代近300年的科举考试中，彭家出过两个会元与状元，1名探花，另有14名进士，31名举人，7名副榜，130余名副贡生……足以见得对联所说“人间文福无双品，昭代科名第一家”并非夸耀之词。

十全街的美与好不仅在一座座桥，一棵棵梧桐树，一幢幢名人故居中，它就像一位知性优雅又有才的老人，身上有太多的历史细节，有太多的动人故事，需要你耐着性子去慢慢挖掘，细细品读！

本图书是由北京出版集团有限责任公司依据与京版梅尔杜蒙（北京）文化传媒有限公司协议授权出版。

This book is published by Beijing Publishing Group Co. Ltd. (BPG) under the arrangement with BPG MAIRDUMONT Media Ltd. (BPG MD).

京版梅尔杜蒙（北京）文化传媒有限公司是由中方出版单位北京出版集团有限责任公司与德方出版单位梅尔杜蒙国际控股有限公司共同设立的中外合资公司。公司致力于成为最好的旅游内容提供者，在中国市场开展了图书出版、数字信息服务和线下服务三大业务。

BPG MD is a joint venture established by Chinese publisher BPG and German publisher MAIRDUMONT GmbH & Co. KG. The company aims to be the best travel content provider in China and creates book publications, digital information and offline services for the Chinese market.

北京出版集团有限责任公司是北京市属最大的综合性出版机构，前身为 1948 年成立的北平大众书店。经过数十年的发展，北京出版集团现已发展成为拥有多家专业出版社、杂志社和十余家子公司的大型国有文化企业。

Beijing Publishing Group Co. Ltd. is the largest municipal publishing house in Beijing, established in 1948, formerly known as Beijing Public Bookstore. After decades of development, BPG has now developed a number of book and magazine publishing houses and holds more than 10 subsidiaries of state-owned cultural enterprises.

德国梅尔杜蒙国际控股有限公司成立于 1948 年，致力于旅游信息服务业。这一家族式出版企业始终坚持关注新世界及文化的发现和探索。作为欧洲旅游信息服务的市场领导者，梅尔杜蒙公司提供丰富的旅游指南、地图、旅游门户网站、APP 应用程序以及其他相关旅游服务；拥有 Marco Polo、DUMONT、 Baedeker 等诸多市场领先的旅游信息品牌。

MAIRDUMONT GmbH & Co. KG was founded in 1948 in Germany with the passion for travelling. Discovering the world and exploring new countries and cultures has since been the focus of the still family owned publishing group. As the market leader in Europe for travel information it offers a large portfolio of travel guides, maps, travel and mobility portals, apps as well as other touristic services. It's market leading travel information brands include Marco Polo, DUMONT, and Baedeker.

DUMONT **是德国科隆梅尔杜蒙国际控股有限公司所有的注册商标。**

DUMONT is the registered trademark of Mediengruppe DuMont Schauberg, Cologne, Germany.

杜蒙·阅途 **是京版梅尔杜蒙（北京）文化传媒有限公司所有的注册商标。**

杜蒙·阅途 is the registered trademarks of BPG MAIRDUMONT Media Ltd. (Beijing).

出行感受 >